Coleção Vértice
49

ENQUANTO AINDA É TEMPO...
A formação moral e religiosa dos filhos

@editoraquadrante
@editoraquadrante
@quadranteeditora
Quadrante

JAMES B. STENSON

ENQUANTO AINDA É TEMPO…

A formação moral e religiosa dos filhos

3ª edição

Tradução
Francisco Sequeira

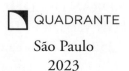

São Paulo
2023

Título original
Lifeline: The Religious Upbringing of Your Children

Copyright © 2002 Scepter Publishers, Princeton

Capa
Gabriela Haeitmann

Dados Internacionais de Catalogação na Publicação (CIP)

Stenson, James B.
    Enquanto ainda é tempo...: a formação moral e religiosa dos filhos, James B. Stenson – 3ª ed. – São Paulo : Quadrante, 2023.

    Título original: *Lifeline: the religious upbringing of your children.*
    ISBN: 978-85-7465-452-2

    1. Crianças – Vida religiosa 2. Educação cristã da criança 3. Pais – Aspectos religiosos – Cristianismo. 4. Pais e filhos I. Título

CDD-248.845

Índice para catálogo sistemático:
1. Crianças : Formação moral e religiosa pelos pais:
Cristianismo 248.845

Todos os direitos reservados a
QUADRANTE EDITORA
Rua Bernardo da Veiga, 47 - Tel.: 3873-2270
CEP 01252-020 - São Paulo - SP
www.quadrante.com.br / atendimento@quadrante.com.br

Índice

Introdução	9
A missão dos pais	13
Sentido sobrenatural	15
Buscar coragem em Deus	18
O caráter e a consciência dos filhos	25
Formação do caráter e da consciência	26
Para definir o caráter	29
A construção do caráter	31
Caráter e santidade	33
Liderança e disciplina	35
Disciplina e liderança	36
Liderança parental bem-sucedida	38
Firmeza na fé	39

Visão de longo prazo 40

Unidade 43

Controle da mídia 48

Lições de integridade 51

Firmeza afetuosa 53

Respeito dos legítimos direitos 58

Regras e padrões 61

Bom senso e consciência bem formada 71

Leitura e cultura 78

A capacidade de fazer distinções 81

Explicações razoáveis 84

Olhar para trás e para o futuro 88

Lições de vida 90

Valores 94

Aprender com os próprios erros 98

Cristianismo *versus* materialismo 102

Responsabilidade, coragem, autodomínio 105

Como ensinar as virtudes: alguns princípios 106

Responsabilidade 108

O ensino da responsabilidade 111

Perseverança corajosa 115

Como ensinar a fortaleza 116

Domínio de si 121

O corpo 124

Liderança na temperança 127

Diversão e amizade 130

Amor a Jesus Cristo 137

O rosto de Jesus 140

Oração mental pessoal 149

A Eucaristia 155

Obras 159

Visitas ao Santíssimo Sacramento 160

Reconciliação 164

Caridade e justiça 167

O catecismo 168

Vida e amor 174

Oração vocal 177

Nossa Mãe, a Santíssima Virgem 181

Confiança 187

Introdução

Prezado amigo,

Quem é pai de uns filhos pequenos não tem tempo a perder; por isso, procurei sintetizar o mais que pude este livro e abordar as matérias da forma mais direta. Estas páginas pretendem oferecer-lhe, caro leitor, alguns conselhos práticos e um decidido encorajamento, para que se empenhe em formar os filhos como cristãos serenos, corajosos, responsáveis e dispostos a honrar a Deus – e os pais – por toda a vida.

Proponho-lhe princípios claros e ideais elevados – mas acessíveis – para a vida familiar, além de orientações que possam ajudá-lo a agir de forma eficaz *agora*, enquanto você ainda tem tempo para educar os filhos. Acima de tudo, desejaria levá-lo a *refletir*, pois uma reflexão séria acerca da sua missão e do futuro dos seus filhos imprimirá um rumo definido à sua vida familiar, e este rumo, por sua vez, permitir-lhe-á *planejar* e *atuar* de maneira eficiente.

Nada é mais importante na nossa vida do que a formação dos filhos, e a verdade é que não dispomos de muito tempo para isso. Um primeiro princípio crucial, um fato inexorável da vida que todos os pais têm de compreender, é que *só temos uma oportunidade, e apenas uma, para educar bem os nossos filhos.*

Se você desempenhar bem essa responsabilidade – a maior da sua vida –, os filhos hão de proporcionar-lhe honra e felicidade enquanto viver. Serão adultos competentes, responsáveis, confiantes e comprometidos com os princípios cristãos. Serão respeitados como homens e mulheres de consciência e de caráter, fiéis às convicções religiosas que você lhes tiver ensinado. Casar-se-ão com pessoas que compartilhem os mesmos princípios que a sua família, e esse casamento será permanente, estável e feliz. Dar-lhe-ão netos que serão a alegria dos seus últimos anos, um prêmio maravilhoso pela sua vida de dedicação sacrificada à família.

Ao longo de mais de vinte anos de trabalho como educador, pude observar muitos pais que educaram os filhos desta forma. Cheguei a conhecer intimamente a sua vida familiar e tive ocasião de aprender com eles. Embora todos tenham passado por altos e baixos durante os anos de crescimento dos filhos – vitórias e derrotas, sucessos e provações, e muitas dúvidas ao longo do caminho –, acabaram por triunfar: os seus filhos cresceram e tornaram-se homens e mulheres extraordinários e cristãos autênticos.

Este livro resume sucintamente o que esses pais fizeram. Ofereço-lhe a experiência deles como um conselho e um estímulo. Se você for como tantos outros jovens pais de hoje, precisará de todo o apoio que puder obter, pelas razões que veremos nestas páginas.

Desde o começo, porém, devo preveni-lo de que criar bem os filhos é um *desafio*. Ou seja, é um trabalho duro: exige uma dedicação sem pausas e um amor apaixonado, bem como uma confiança plena na ajuda onipotente de Deus. Portanto, deixe de lado qualquer ideia de que este livro possa tornar a sua vida atual mais fácil. Criar bem os filhos é um trabalho *de tempo integral,* e até mais do que isso, pois não existe nada que se assemelhe a um lar inteiramente livre de problemas, que baste «tocar» com a mão esquerda.

Todas as crianças adquirem, a cada dia que passa, hábitos e atitudes na vida familiar. Esta dinâmica ocorre continuamente em casa, quer os pais tenham consciência disso ou não, quer dirijam esse processo ou não. Mas que hábitos? Que atitudes? Esta é a pergunta central. Os pais conscienciosos trabalham incessantemente por transformar os hábitos em *virtudes* e as atitudes em *consciência*. Os outros deixam o barco correr, contando com que o tempo *acabará* por transformar os seus filhos; é um grande erro, mas eles só o compreenderão tarde demais.

Este é, pois, o dilema com que os pais se defrontam: formar bem os filhos ou deixá-los estar... Conduzi-los à fé e a um caráter firme, ou simplesmente deixar que se divirtam com uma torrente incessante de sensações agradáveis... Formar-lhes a consciência moral, ou deixar que sejam conduzidos apenas pelas suas paixões e apetites... Ensinar-lhes a fé religiosa como regra de vida, ou deixar que cresçam como se Deus não existisse...

O que se manifestará mais tarde na vida dos filhos serão as consequências dessas decisões: adultos que vivem como cristãos responsáveis, ou como bárbaros tecnologicamente adestrados... Felicidade confiante na vida, ou uso de drogas e promiscuidade... Uma vida familiar estável e feliz, ou casamentos rompidos... Netos bem formados e confiantes, ou netos feridos e solitários – ou mesmo ausência total de netos... E, juntamente com tudo isso, a consequência final das decisões humanas: o céu ou o inferno.

Informe-se com qualquer profissional que trabalhe com adultos problemáticos e casamentos abalados. Fale com qualquer sacerdote, conselheiro matrimonial, psicólogo clínico ou psiquiatra. Todos lhe dirão o mesmo: os problemas vêm da infância e começam em casa.

Digo estas coisas para que você possa fortalecer-se de forma a enfrentar corajosamente a tarefa que tem diante de si, uma vez que consiga tomar consciência dos contornos deste grande desafio e aprenda o que é capaz de fazer. O que está em jogo é nada mais, nada menos do que a felicidade terrena e eterna dos seus filhos. Nada pode ser mais importante do que isso.

Você pode e deve extrair coragem da certeza de que Deus está consigo. Quando Ele lhe confiou os filhos que tem, conferiu-lhe uma missão sagrada na vida – e Ele, *que começou em nós a boa obra, não deixará de levá-la a bom termo* (Fil 1, 6). Ele mesmo o prometeu.

JAMES B. STENSON
Chestnut Hill, Massachusetts

A missão dos pais

Na sua infinita Sabedoria e Amor, Deus chamou cada um de nós a desempenhar uma determinada missão aqui na terra, uma missão divina que contribui de forma misteriosa para o seu grandioso desígnio de Redenção da humanidade. Ao mesmo tempo, chamou todos os seres humanos – cada um de nós – à vida eterna, à felicidade sem fim com Ele, a uma alegria e paz que ultrapassam infinitamente os nossos sonhos mais ambiciosos, à felicidade arrebatadora de uns filhos que por fim estarão unidos, já para sempre, com o seu Pai e nosso Pai.

Deus ama-nos como filhos seus. Para nos resgatar do mal, para salvar cada um de nós da *segunda morte* (Apoc 2, 11), enviou-nos o seu Filho unigênito a fim de que se tornasse um de nós, vivesse como nós sobre a terra e se oferecesse em sacrifício pela nossa salvação. Jesus Cristo, Deus e homem, uniu-se a nós de tal forma que pudéssemos tornar-nos um só com Ele por toda a eternidade. No seu Amor, permaneceu conosco na Eucaristia e no seu Corpo Místico, a Igreja. Chama cada um de nós para que o amemos – *acima de todas as coisas*, lembremo-nos – através do cumprimento da nossa missão, servindo aqueles que nos cercam: a começar pela nossa família, mas depois fazendo com que a nossa dedicação irradie sobre todas essas outras almas cujas vidas estão providencialmente entrelaçadas com a nossa.

Deus chama cada um de nós a ser santo. E chama também você, atual ou futuro pai ou mãe de família, a desempenhar uma missão especial. Confiou a si e ao seu amado cônjuge os filhos, os frutos do amor que têm um pelo outro e do amor que Deus tem pela sua família.

Desde toda a eternidade, o Senhor quis que você o servisse levando os seus filhos a amá-lo e servi-lo *com todo o coração, com toda a alma, com toda a mente e com todas as forças* (cfr. Mc 12, 30), de forma que tanto eles como você recebam a vida eterna e o *cem por um de* felicidade aqui na terra que Cristo prometeu a todos aqueles que o amarem.

É por isso que Deus trouxe você a este mundo e lhe enviou os seus filhos. *A sua missão é assegurar-lhes a felicidade terrena e eterna*, e você não terá autêntica paz ou alegria enquanto não abraçar esta missão como a sua maior responsabilidade, superando-se a si mesmo no seu cumprimento. Mas se a abraçar, se realmente amar a Deus e os seus filhos até sacrificar-se por eles, tal como Jesus Cristo *fez e ensinou* (cfr. At 1, 1), a sua felicidade nunca conhecerá fim.

Sentido sobrenatural

Deus chamou-nos desde toda a eternidade – a cada um de nós, pessoalmente – para que conduzamos os nossos filhos à felicidade. Este chamamento sagrado é tão importante que vale a pena determo-nos um pouco nele e estudarmos as suas implicações, de forma a podermos corresponder-lhe com mais clareza de vistas e uma coragem mais firme. Como todas as figuras da Sagrada Escritura que receberam uma missão divina, temos necessidade de sentido sobrenatural e de fortaleza, que são fruto da fé, da esperança e da caridade.

Pode ser que nos recordemos, como acontece com muitos, do momento da nossa infância em que, pela primeira vez, olhamos o céu noturno e nos maravilhamos com as estrelas brilhantes disseminadas sobre o fundo de veludo negro. A nossa mente tenra esforçou-se por apreender a sua imensa antiguidade e distância da terra. Olhávamos para o espaço infinito e, com admiração crescente, vislumbrávamos o mistério e a força dos termos *infinito, eterno, para sempre.*

Para compreendermos a verdadeira natureza da nossa divina missão de pais, a esmagadora beleza e santidade de que está revestida, deveríamos voltar a esse momento da infância. Pensemos então na missão da nossa vida: quando Deus formou o Universo, há bilhões de anos, quando criou as primeiras estrelas brilhantes a partir do nada, já estava pensando em nós.

Na sua mente infinita, concebeu-nos a cada um de nós e previu tudo a nosso respeito. Viu o emaranhado de circunstâncias que comporia a nossa vida, previu cada detalhe do nosso destino – da concepção até à morte –, entrançou esse fiozinho que seria a nossa vida na grande tapeçaria da História humana e entrelaçou a nossa alma e o nosso destino com os dos outros – os nossos antepassados e parentes, professores e amigos, cônjuge e filhos.

Cada instante da nossa vida, passada, presente e futura já existia na mente de Deus quando o Universo ainda era um vazio sem vida. Já então Ele nos amava, e continua agora a amar-nos, mais ainda do que nós amamos os nossos filhos.

E Deus ama da mesma maneira cada um dos nossos filhos. O seu plano eterno para o destino deles *precisa de nós* como instrumento amoroso, disposto a sacrificar-se por eles. Deus chama-nos, por meio de todas as circunstâncias da vida familiar, a unir o nosso coração, a nossa mente e a nossa vontade às dEle, de forma que toda a nossa família chegue a amá-lo e servi-lo aqui na terra e desfrute do céu por toda a eternidade.

Compreenderemos melhor esta nossa missão se também olharmos as coisas projetadas no futuro.

A estas alturas, no começo do século XXI, todas as grandes cidades do mundo estão cheias de esplêndidas estruturas de concreto e vidro que apontam para o céu, maravilhosas realizações da ambição e inventividade humanas. Mas, cedo ou tarde, elas cairão. Daqui a milhares de anos, cidades como Nova York e Londres e São Paulo não passarão de amontoados de ruínas; terão sofrido o mesmo destino das grandes cidades da Antiguidade – Nínive, Babilônia, Antioquia, Niceia e tantos outros lugares célebres das Sagradas Escrituras e da História, que hoje se foram para sempre.

Quando as grandes cidades de hoje já não existirem, quando a passagem do tempo as tiver reduzido a terra batida, as almas dos nossos filhos... *continuarão a existir.* Continuarão a existir porque são eternas.

Onde estará a alma dos nossos filhos? Essa questão deveria perturbar-nos, incomodar-nos diariamente, levar-nos a superar as nossas limitações. Os nossos filhos existirão por toda a eternidade – em um dos dois estados possíveis: o da felicidade eterna com Deus no céu, ou o da tristeza e sofrimento eternos no inferno. Os nossos filhos viverão e morrerão livremente na amizade de Deus, ou afastar-se-ão livremente do seu amor durante esta vida, para depois sofrerem a *segunda morte* por toda a eternidade.

Nós, como pais amorosos, não deveríamos nunca perder de vista esta temível possibilidade. O inferno existe. O inferno existe, e as suas forças malignas dirigem-se contra a alma dos nossos filhos. O Salvador preveniu-nos repetidamente acerca desta realidade; só nos Evangelhos, fê-lo mais de uma dúzia de vezes*. Preveniu-nos a cada um de nós – e a todos – acerca do terrível destino que aguarda aqueles que rejeitam o seu amor e o seu perdão.

(*) Cfr. Mt 3, 10-12; 8, 11-12; 10, 27-28; 12, 32-33; 16, 26; 22, 14; 25, 32-33 e 41-46; Mc 3, 29; 9, 42-58; Lc 3, 9-17; 16, 22-30; Jo 3, 36; 8, 21-24; 34-35.

Deus chama-nos, portanto, a contribuir para que, como seus servidores amorosos, salvemos os nossos filhos e os conduzamos a Ele. Pede-nos que os amemos como Ele os ama: com a disposição de não fugir a nenhum sacrifício. Pois o amor não é apenas um sentimento ou um estado emocional; num sentido muito real, o amor *é* sacrifício. E a disposição e a capacidade de suportar e superar obstáculos, frustrações, desapontamentos, desânimos, qualquer tipo de dificuldades, pelo bem-estar e pela felicidade de alguém. Amor é sinônimo de *responsabilidade*.

Deus chama cada pai à responsabilidade. Ele haverá de considerar-nos responsáveis pelo destino eterno dos nossos filhos. Depois da nossa morte, quando estivermos diante dEle no juízo particular, perguntar-nos-á: «Como você ensinou os nossos filhos – seus e meus – a conhecer-me, amar-me e servir-me?» Você e o seu cônjuge deverão estar em condições de responder: «Fizemos realmente tudo o que podíamos...»

Isto é o que Deus nos pede: fazer tudo o que pudermos. O restante – tudo aquilo de que venhamos a precisar para superar as nossas limitações –, Ele o suprirá, se lho pedirmos. Como Ele mesmo disse através do anjo Gabriel: *Para Deus, não há nada impossível* (Lc 1, 27).

Buscar coragem em Deus

Nas Sagradas Escrituras, toda a vocação divina implica enfrentar algum grande desafio, algum obstáculo apa-

A MISSÃO DOS PAIS 19

rentemente insuperável. Vemos Abraão, Moisés, Josué, Samuel, Davi, os Macabeus, os grandes Profetas e tantos outros homens e mulheres serem incumbidos de alguma grande responsabilidade, talvez impossível de cumprir à primeira vista, a fim de prepararem o caminho para o «Filho da Promessa», o Redentor.

Quando o Senhor veio redimir-nos, também os seus discípulos receberam uma grandiosa missão: Pedro, João e os outros Apóstolos, Estêvão, Paulo e Timóteo, os convertidos mencionados nos Atos dos Apóstolos e nas Epístolas, bem como as gerações de santos que lhes têm sucedido até aos nossos dias, todos receberam um chamamento de Deus para ir, ensinar e batizar, *para reconduzir os corações dos pais aos filhos e os rebeldes aos sentimentos dos justos, a fim de preparar para o Senhor um povo bem disposto* (Lc 1, 17).

Pois bem, Deus confia esta mesma missão a todo pai cristão. Pede-nos que empreendamos o maior desafio da nossa vida, a salvação dos nossos filhos.

É possível que a nossa primeira reação seja como a dessas pessoas que acabamos de mencionar: um recuo aterrorizado, uma profunda ansiedade. Assumir grandes responsabilidades quase sempre causa medo. Abraão, Moisés e Davi conheceram o medo, e o mesmo aconteceu com Pedro e Paulo e todos os outros. São Paulo, concretamente, fala das suas *angústias de cada dia* (2 Cor 11, 28). E até o próprio Senhor, na sua santa natureza humana, suou sangue no Horto de Getsêmani quando se viu confrontado com o terrível clímax da sua missão.

Não nos deve admirar, pois, que, ao tomarmos consciência da seriedade e do peso da nossa vocação de pais, experimentemos ansiedades semelhantes diante das enormes responsabilidades que nos esperam.

Essa nossa inquietude e medo podem derivar em parte de termos uma aguda consciência da nossa pequenez, de não estarmos adequadamente preparados para a paternidade ou de não termos tido uma formação religiosa adequada. São impressões que podem muito bem ser verdadeiras. Quanto à última, é necessário dizer que, na esteira de quase todos os grandes Concílios ecumênicos da História, houve um tempo de confusão, um período marcado pela rebeldia, pela resistência à legítima autoridade, quando não pela desobediência pura e simples; nessas ocasiões, a catequese muitas vezes ficou seriamente prejudicada. Tivemos de viver um período desses nesta última geração, e é razoável supor que ainda soframos as consequências.

É bem possível que tenhamos sido pouco instruídos ou mal formados na fé, e provavelmente também nos padrões morais, sem culpa nossa. Como também é bem possível que, ao invés da doutrina de Cristo, transmitida e precisada ao longo dos séculos pela Igreja, os nossos professores nos tenham ensinado uma pseudossociologia *pop* ou algum «psicoblablablá» ideológico, ou qualquer coisa do gênero: tudo, menos a verdade sobre a vida eterna.

Quando estávamos em plena adolescência, com o espírito disposto a apreender a base intelectual da nossa

A MISSÃO DOS PAIS

fé, essa fé amorosa que sustentou os cristãos ao longo de séculos, talvez tenhamos sido conduzidos a um ativismo trivial – colando cartazes, balançando-nos ao ritmo de umas canções populares, ou entretendo-nos em outras diversões de *playground*. E o resultado é que talvez não nos tenham ensinado a doutrina que os nossos ancestrais receberam sobre o amor de Deus e o seu sacrifício por nós, sobre os ensinamentos e mandamentos de Cristo, os sacramentos e a nossa vocação eterna.

É bem provável que não nos tenham ensinado a distinguir o certo do errado, e assim pode ser que tenhamos agido mal – como sabemos agora. Quando olhamos para trás, para a nossa infância e juventude, talvez sintamos remorsos pelo que fizemos ou deixamos de fazer, ofendendo assim a Deus.

Pois muito bem: tudo isso – os nossos defeitos passados e presentes, as nossas lacunas quanto à instrução religiosa, as nossas quedas, as nossas incertezas no campo da fé –, tudo isso bem pode causar-nos preocupações e até angústia quando olhamos para os nossos filhos e compreendemos a imensa tarefa que Deus nos propõe. Onde encontraremos a fé e a força para servir a nossa família como Deus quer?

Procuremos coragem em Deus. Nas Sagradas Escrituras, Deus diz uma e outra vez aos seus servos escolhidos o que agora nos repete a nós: *Não temas.*

Desde toda a eternidade, Ele pensou em nós e nos nossos filhos quando disse: *Não temas, porque Eu te redimi; chamei-te pelo teu nome: tu és meu* (Is 43, 2).

Deus pensava em nós e na nossa vocação de pais quando disse: *Não temas! Eu sou o Primeiro e o Último, Aquele que vive. Pois estive morto, e eis que agora estou vivo pelos séculos dos séculos, e tenho as chaves da morte e dos infernos* (Apoc 1, 17-18).

O amor eterno de Deus por nós e pelos nossos filhos deveria dar-nos coragem para suportar e superar qualquer dificuldade: *No amor não há temor. Antes o amor perfeito lança fora o temor* (1 Jo 4, 18).

O Senhor prometeu-nos que nunca nos abandonaria: *Deus é fiel e não permitirá que sejais provados para além das vossas forças, mas com a provação dar-vos-á os meios para suportá-la e sair dela* (1 Cor 10, 13).

A nós, seus filhos amados a quem Ele confiou outros filhos amados, aconselha-nos com palavras de São Paulo: *Vigiai! Sede firmes na fé! Sede homens! Sede fortes! Tudo o que fazeis, fazei-o na caridade* (1 Cor 16, 13-14).

Por fim, Cristo prometeu que responderia à nossa oração pelos nossos filhos: *Pedi e dar-se-vos-á; buscai e achareis; batei e abrir-se-vos-á. Porque quem pede, recebe; e quem busca, acha; e a quem bate, abrir-se-lhe-á. Pois quem de vós, se o filho lhe pede um pão, lhe dará uma pedra, ou, se pede um peixe, lhe dará uma serpente? Se vós, pois, que sois maus, sabeis dar coisas boas aos vossos filhos, quanto mais o vosso Pai que está nos céus dará coisas boas aos que lhe pedirem?* (Mt 7, 7-11).

Quantas vezes vemos Jesus fazer exatamente isso nos Evangelhos: atender aos pedidos angustiados e insistentes de uns pais cujos filhos sofriam. Ressuscitou a filhinha de Jairo (cfr. Mt 9,18-26), curou o filho de um oficial do rei (cfr. Jo 4, 45-54), expulsou o Maligno de um rapaz cujo pai tinha proferido, banhado em lágrimas, esta bela oração: *Creio, Senhor, mas ajuda a minha incredulidade* (cfr. Mc 9, 14-28), respondeu à teimosa súplica da mãe siro-fenícia, tão repleta de fé no seu poder misericordioso (cfr. Mt 15, 21-28)...

Esses pais, tal como nós, eram pessoas normais que amavam os filhos de todo o coração. Confiavam em que Jesus voltaria para eles o seu rosto misericordioso e usaria o seu poder para lhes libertar os filhos de umas calamidades aparentemente sem esperanças de solução. Jesus escutou-os e atendeu-os; e da mesma forma não deixará de nos escutar e atender se tivermos fé como essas pessoas tiveram, e se nunca desistirmos nem perdermos a esperança na sua misericórdia compassiva e onipotente.

Tenhamos, pois, a mesma fé de São Paulo, cujas palavras inspiradas nos trazem a promessa de Deus: *Estou certo de que aquele que começou em vós a boa obra não deixará de levá-la a bom termo até o dia de Cristo Jesus* (Fil 1, 6).

O caráter e a consciência dos filhos

Hoje em dia, muitos adultos, talvez por causa da educação deficiente que tiveram, alimentam noções erradas sobre o papel dos pais – e têm de sofrer, eles e as suas famílias, as consequências: frustrações, desilusões e às vezes autênticas tragédias. É provável que tenhamos conhecido pais como esses, talvez mesmo entre os nossos parentes e amigos.

Para que nós e os nossos filhos possamos evitar esses problemas, temos de ter uma ideia clara dos nossos deveres de pais. Ao mesmo tempo, temos de saber quais os erros que será necessário evitar. Neste capítulo, lançaremos um olhar de conjunto sobre a paternidade cristã bem-sucedida, que procuraremos contrastar com os conceitos e pontos de vista errados que costumam dar origem a tanto sofrimento.

Nos capítulos seguintes, entraremos em detalhes sobre a liderança paterna e materna. Aqui, porém, limitar-nos-emos a ver essa tarefa como um todo: aquilo que temos de empreender, e por quê.

Formação do caráter e da consciência

Muitos pais pensam erroneamente que a sua tarefa consiste em *preservar* o caráter dos filhos, não em *formá-lo*. Isto é, acham que as crianças vêm ao mundo com qualidades belíssimas e uma inocência admirável, e que o papel dos pais consiste em não deixar que as percam à medida que crescem.

Noutras palavras, esses pais desorientados consideram que a sua tarefa é sobretudo manter as crianças completamente ocupadas, sempre atarefadas, porque, como se diz, cabeça vazia, oficina do demônio». Pais como esses parecem alimentar a bizarra ideia de que os filhos de alguma forma se tornarão espontaneamente homens e mulheres excelentes, desde que consigam manter intactas as qualidades infantis.

Há alguma verdade nessa opinião, como é evidente; tem de havê-la, pois caso contrário ninguém a sustentaria. Com efeito, as crianças pequenas têm alguns traços belíssimos que merecem ser preservados ao longo de toda a vida.

Por um lado, uma vez que tenham recebido os rudimentos da fé, as crianças pequenas têm um enorme e belíssimo *amor a Deus.*

Têm também um grande *amor à família*, aos pais e irmãos. O pior pesadelo para uma criança pequena é o receio de ser separada da sua família.

Têm igualmente *amor à vida*, experimentam o puro prazer de estarem vivas. A cada manhã, a criança acorda para um dia que é uma dádiva, uma oportunidade de divertir-se e de realizar-se com a família e com os amigos. Trabalho e brincadeira são uma coisa só, e a criança está sempre disposta a rir.

Por fim, as crianças têm *amor à verdade.* O olhar com que fitam a verdade é firme e às vezes chega a ser perturbador, quando não embaraçoso, para os adultos que as rodeiam. As crianças pequenas não sabem mentir; só aprendem a mentir a si mesmas e aos outros quando se tornam mais velhas.

Não há dúvida de que os nossos filhos deveriam preservar esses amores ao longo de toda a vida. E eles o farão – *mas somente se virem que essas qualidades estão vivas e presentes nos seus pais.* À medida que crescem, têm de ver que os seus pais continuam a amar a Deus, a família, a própria vida e a verdade.

Por outro lado, é igualmente claro que as crianças sofrem as consequências do pecado original: juntamente com os traços encantadores que acabamos de mencionar, apresentam sérios defeitos, vícios que se tornam cada vez mais evidentes a partir dos dois anos de idade, quando começam a dizer «não» e a aferrar-se teimosamente à negativa. Mostram estar imbuídas de um egocentrismo profundo, inteiramente dedicadas a gratificar os seus apetites e paixões e inteiramente determinadas a dominar a vida daqueles que as cercam, seja pela força, seja pela manipulação. (Quem duvidar destas afirmações deveria desempenhar apenas por uns poucos dias o papel de monitor de um *playground* de jardim de infância;

temos mais facilidade para reparar nessas faltas e assustar-nos com elas se as vemos nos filhos dos outros).

Ora, crianças malformadas entram na vida adulta como homens e mulheres egocêntricos, impulsionados por apetites e paixões, obcecados pela ânsia de dominar os outros. Embora talvez venham a ter bons empregos e a receber bons salários, a sua vida pessoal estará arruinada. Não estarão preparados para o casamento nem para assumir outras responsabilidades sérias, e muitas vezes verão os seus lares desfeitos e os filhos fora de controle.

É triste dizê-lo, mas essa disfunção familiar – em que os filhos se tornam mais velhos, mas nunca chegam a tornar-se adultos – atinge precisamente as famílias que mencionamos acima, aquelas em que os pais só estavam preocupados em manter as crianças ocupadas com diversões e contavam com que a passagem do tempo de alguma maneira as transformaria em adultos responsáveis. Só as corrigiam na medida em que era imprescindível para manter os estragos em um nível que se pudesse tolerar, e buscavam acima de tudo a paz e a quietude – ou seja, um mínimo de aborrecimentos.

Pais desorientados que criam os filhos dessa forma muitas vezes se veem a braços com a desilusão e a tristeza. É comum que os seus filhos se tornem narcisistas tecnicamente bem domesticados, que não se importam um pepino nem com os pais nem com os seus próprios filhos – se é que chegam a tê-los.

Essas tristes observações permitem-nos, porém, delinear com clareza o nosso papel, a tarefa que Deus nos chamou a desempenhar. Não fomos chamados a transformar a vida dos filhos numa série infindável de sensações agradáveis, num anseio contínuo por novos prazeres e por mais poder. A tarefa que Deus nos confiou é esta: estamos chamados a passar muitos anos de esforço sacrificado, juntamente com o nosso cônjuge, para fazer dos nossos filhos adultos competentes, responsáveis e considerados, comprometidos por toda a vida, custe o que custar, com os princípios cristãos.

Ou seja, *a nossa tarefa é formar adultos, não crianças.* A nossa missão consiste em formar o caráter e a consciência na mente, no coração e na vontade dos nossos filhos. Temos de trabalhar neste ideal todos os dias da nossa vida, sem descanso, e considerá-lo a maior responsabilidade da nossa existência.

Para definir o caráter

Vejamos mais de perto o que é o caráter. Como poderíamos defini-lo?

O caráter é a soma total dos bons hábitos formados na mente e na vontade dos jovens. Esses hábitos são chamados *virtudes* ou forças do caráter. Vê-las-emos em detalhe mais adiante; por agora, basta considerá-las em geral. As virtudes cristãs básicas são sete:

– *Fé*: confiança em Deus e em tudo aquilo que Ele nos ensina através da sua Igreja, incluindo o que nos revela sobre a finalidade da vida humana, isto é, que Ele nos criou para que o conheçamos, amemos e sirvamos aqui na terra e depois sejamos felizes com Ele para sempre no céu.

— *Esperança*: a certeza de que Deus cuida de nós como um Pai amoroso e que, portanto, nada temos a temer: Ele há de ajudar-nos a superar os grandes desafios da vida e dar-nos-á os meios para a nossa salvação eterna.

— *Caridade*: o amor a Deus sobre todas as coisas, sejam quais forem, e o amor aos outros por Ele; a consciência de que todos — cada um de nós — somos filhos de Deus e de que o servimos servindo os outros, os nossos irmãos e irmãs da grande família humana.

— *Objetividade e consciência (prudência)*: raciocinar corretamente sobre as pessoas, os acontecimentos e nós mesmos; a capacidade de fazer as grandes distinções na vida: saber distinguir o verdadeiro do falso, o bom do mau, o belo e nobre do esquálido e feio.

— *Responsabilidade (justiça)*: a capacidade de reconhecer e respeitar os direitos dos outros; o senso de obrigação para com o bem-estar e a felicidade dos outros; a disposição de aceitar as consequências das decisões livres que se tomam, incluídos os erros.

— *Perseverança corajosa (fortaleza)*: a decisão e a capacidade de superar ou suportar problemas sem procurar escapatórias; e o poder de suportar as dificuldades, mesmo a falta de conforto físico e a dor, e de recomeçar depois dos fracassos e frustrações.

— *Senhorio de si* ou *autodomínio (temperança)*: a capacidade de dizer «não» a si mesmo, ou seja, de deixar a gratificação dos apetites para mais tarde ou mesmo prescindir dela; a força para superar as paixões e os apetites; o hábito de desfrutar das coisas boas da vida com moderação.

Em linhas gerais, podemos dizer que este é o caráter cristão que devemos almejar. É algo real, que qualquer um de nós pode atingir: somos capazes de reconhecê-lo quando o vemos nos outros, e deveríamos querer que se forme na alma dos nossos filhos.

A construção do caráter

Como é que as crianças adquirem as virtudes à medida que crescem? De três formas diferentes, nesta ordem de importância:

– Em primeiro lugar, pelo *exemplo*: por aquilo que podem *observar* na vida dos pais e de outros adultos – porque as crianças, como todos nós, imitam inconscientemente aqueles a quem admiram.
– Em segundo lugar, pela *prática dirigida*: por aquilo que são *levadas a fazer* ou *obrigadas a fazer* uma e outra vez pelos pais e outros adultos a quem respeitem.
– Em terceiro lugar, pela palavra: pela *explicação verbal* daquilo que observam ou são levadas a fazer.

Toda a nossa formação tem de conter esses três elementos.

Em primeiro lugar, o bom exemplo. Ensinamos mais

efetiva e profundamente os filhos quando quase não temos consciência de fazê-lo: naqueles momentos em que os seus penetrantes olhinhos nos observam e as suas aguçadas orelhas captam tudo o que dizemos ao realizarmos as nossas tarefas correntes de cristãos maduros e responsáveis. Ou seja, para sermos bons pais, temos de esforçar-nos em primeiro lugar para sermos *pessoas exemplares*.

A seguir, temos de ensinar as virtudes através da prática dirigida. Temos de ajudar as crianças a refazer os seus raciocínios todas as vezes que for necessário e levá-las a fazer e dizer a coisa certa (por exemplo, dizer «por favor» e «obrigado»), mesmo que nada pareça estar melhorando no íntimo delas.

Uma breve observação. Ao ensinarmos as boas maneiras, convém termos presente que, com os filhos pequenos, isso exige uma repetição aparentemente interminável. Mas tenhamos a tranquila certeza de que não é eterna: em determinado momento, eles formam o hábito e passam a usar essas expressões naturalmente, durante a maior parte do tempo, ao se dirigirem aos outros. Temos de continuar a confiar que, com a graça de Deus, algum dia – mais cedo ou mais tarde –, começarão a agir bem por iniciativa própria. Devemos considerar este sacrifício diário persistente como um investimento que dará frutos mais tarde.

Por fim, ensinamos os filhos também com a palavra, mas só depois de termos dado bom exemplo e orientado o seu comportamento. Afinal de contas, sabemos muito bem que grandes lições e berros, admoestações e «conver-

O CARÁTER E A CONSCIÊNCIA DOS FILHOS 33

sinhas de homem para homem» têm pouco ou nenhum efeito sobre as crianças que não veem praticar as virtudes na vida familiar.

Parece haver uma espécie de «lei econômica» na formação dos filhos: *ou pagamos agora ou pagamos mais tarde.* Os pais que se esforçam com sacrifício por viver pessoalmente essas virtudes e levam os filhos a fazer o mesmo, mais tarde vê-los-ão tornar-se homens e mulheres extraordinários, a principal fonte de felicidade da sua vida. Mas os pais que agora vivem como meros consumidores, que negligenciam a formação do caráter dos filhos durante a infância, passarão o final das suas vidas numa amarga desilusão. Isso acontece com excessiva frequência. Basta olhar ao redor.

Caráter e santidade

Uma pessoa sábia afirmou certa vez: um trabalho duro sem nenhum tipo de ideal transforma a vida numa infinita sucessão de contrariedades; mas esse mesmo trabalho duro, realizado por um ideal apaixonante, transforma a vida numa maravilhosa aventura. A nossa vida como pais – na verdade, toda a nossa vida familiar – pode ser uma aventura se formarmos e seguirmos este ideal grandioso e apaixonante: que os filhos cresçam para se tornarem homens e mulheres virtuosos e *santos*, aqueles grandes homens e mulheres que Deus projetou quando os confiou ao nosso cuidado.

Santo Irineu diz: «Nada dá mais glória a Deus do que

uma pessoa que está *plenamente viva*», isto é, viva para Deus: em estado de graça. Nós e a nossa família daremos muita glória a Deus se estivermos plenamente vivos: se deixarmos a graça divina atuar em nós e corresponder-mos a ela com o esforço por viver uma vida virtuosa. Na nossa civilização urbanizada, as pessoas raramente en-contram Deus na natureza; as luzes das nossas grandes cidades apagam as estrelas. Por isso, *se os filhos não encon-trarem Deus em nós, talvez não o encontrem nunca.*

Proponhamos a nós mesmos este grande ideal: que os nossos filhos, quando chegarem ao final da adoles-cência, estejam em condições de viver as grandes vir-tudes cristãs. Devem ser pessoas estudiosas, competen-tes, tenazes, responsáveis, que não fazem papel de bobo nem de «ursinho de pelúcia». Devem ser homens de fé ilustrada e firme, de esperança inabalável e de um ines-gotável espírito de serviço para com todos. Ao mesmo tempo, devem reter os grandes amores que tinham como crianças – o amor a Deus, o amor à família, o amor à vida, aos amigos e ao riso, e um amor apaixo-nado pela verdade.

Com a ajuda de Deus e o nosso esforço por corres-ponder à vocação que Ele nos deu, os nossos filhos tor-nar-se-ão esses homens e mulheres *com a força de adultos e o coração de crianças.* Serão o que Cristo nos recomen-dou a todos: *prudentes como as serpentes e inocentes como as pombas* (Mt 10, 16). E a nossa vida familiar será par-te daquele *cem por um* que o Senhor prometeu àqueles que o amassem e servissem fielmente.

Liderança e disciplina

Como acabamos de ver, as crianças adquirem as virtudes sobretudo por meio do exemplo e da prática dirigida: por aquilo que observam e ouvem dos adultos que respeitam, e por aquilo que estes as ajudam a fazer de forma paciente e incessante. Ou seja, é sobretudo a nossa *liderança* que as ajuda a formar o caráter.

Agora, é importante que compreendamos – e o transmitamos aos filhos como um critério – que toda a família, incluída a nossa, é uma sociedade. Esse conceito é central, porque nos ajuda a compreender com mais clareza a nossa missão e a afirmar a nossa determinação de perseverar no seu cumprimento, custe o que custar.

Qual a diferença entre uma multidão e uma sociedade? A diferença é esta: uma multidão é apenas um conjunto de pessoas sem nenhum propósito, sem liderança nem estrutura; é unicamente uma reunião de pessoas sem objetivo. Uma sociedade, pelo contrário, tem três características:

– Em primeiro lugar, uma *missão comum*: uma tarefa a cumprir ou um objetivo a atingir que todos os envolvidos devem compreender.

– Em segundo lugar, uma *liderança* e uma *cadeia de comando*: uma ou mais pessoas assumem a responsabilidade e, por isso, têm autoridade para dirigir os outros e ensinar-lhes o modo de cumprir a missão comum; isto implica, por sua vez, que essas pessoas têm o direito de ser obedecidas e o direito de corrigir e redirecionar os outros para que os erros destes não causem maiores danos.

– Terceiro, uma *estrutura*: uma clara noção do papel de cada um e do conjunto de regras (padrões de conduta ou comportamento) vigente nessa sociedade, de forma que todos os seus membros, em todos os níveis, possam saber o que se espera deles nos seus esforços por cumprir a missão comum.

Estes três elementos – a missão, a liderança e as regras – podem ser encontrados em qualquer sociedade bem-sucedida, quer se trate de uma nação, de uma empresa, de um clube, de um time esportivo ou de uma família. Quanto mais fortes forem, mais eficaz será a sociedade em relação aos objetivos que deve atingir. E isto aplica-se igualmente à nossa família.

Disciplina e liderança

Antes de entrarmos na matéria deste capítulo, convém esclarecer brevemente um ponto. A palavra «disciplina» não significa apenas punição; pode às vezes implicar algumas punições, como é evidente, mas este não é o seu significado principal. «Disciplina» relaciona-se com «discípulo», tal como o termo é usado nas Sagradas Escrituras e em outros escritos, sobretudo da Antiguidade. Significa *ensino* e *liderança.* Cristo era chamado *Rabi* (Professor, Mestre), e como tal tinha «discípulos». O professor ensina e os discípulos aprendem; o líder conduz e os discípulos o seguem.

Na vida de família, disciplina significa que ensinamos e lideramos os filhos para que aprendam a compreender e a praticar o modo de agir de um cristão maduro e responsável. Somos nós que ensinamos, cabe a eles aprender; somos nós que conduzimos, cabe a eles seguir-nos. Ao longo de muitos anos, terão de aprender e de seguir-nos, até atingirem por sua vez essa maturidade e responsabilidade. Por isso, só podemos ensinar e conduzir bem quando, por termos estabelecido exigências elevadas para nós mesmos, não esperamos menos dos nossos seguidores. Em qualquer sociedade, incluída a família, os melhores líderes pensam e agem assim.

Quando se trata de corrigir, os melhores líderes e professores são precisamente os que ensinam os seus discípulos a aprender com os erros que estes cometem. (Basta que examinemos os Evangelhos para ver como Cristo fez assim, repetidamente, com os Apóstolos).

Quanto à punição, como vimos, por vezes será inevitável. Mas teremos mais facilidade para aplicá-la, e o faremos de forma mais eficaz, se pensarmos na punição como *uma correção que se deve gravar na memória* – isto é, uma correção em matérias tão importantes para a futura felicidade deles que é vitalmente importante que se lembrem de nunca mais repetir o erro. Os Apóstolos jamais esqueceram as repreensões de Cristo.

Liderança parental bem-sucedida

Uma vez esboçada a liderança docente dos pais, podemos passar ao exame de algumas das características das mães e dos pais bem-sucedidos. Mesmo no mundo perturbado de hoje, há muitos pais que têm sucesso na sua missão, como fica patente pelos seus filhos virtuosos e santos.

Ao que parece, não existe uma personalidade «típica» desses pais. Alguns, por temperamento, são líderes carismáticos em tudo o que empreendem, tanto em casa como no trabalho. Outros, pelo contrário, são tranquilos e compreensivos. Alguns parecem captar de forma rápida e intuitiva o que é preciso fazer em quase todas as situações; outros são reflexivos, muito menos seguros de si, e frequentemente pedem conselho a outras pessoas.

Alguns desses pais cresceram em lares estáveis e felizes, e recorrem à sua experiência para criar os filhos tal como eles mesmos foram criados. Outros cresceram em lares menos estáveis, ou até em famílias disfuncionais, mas estão determinados a não repetir os erros dos seus pais.

A maioria desses pais bem-sucedidos trabalha em estreita união com o cônjuge. Outros – e muitas vezes são admiráveis – têm de lutar sozinhos, pela razão que for, e mesmo assim conseguem de alguma forma, com a ajuda de Deus, fazer também o papel de pai ou o de mãe para os seus filhos.

Em resumo, há uma verdade que se destaca: virtualmente, qualquer pessoa em qualquer situação, qualquer homem ou mulher que confie em Deus e pratique o bom senso, pode ser uma mãe ou um pai bem-sucedido. Esta parece ser a experiência coletiva da História humana, e é uma boa razão para alimentarmos a esperança.

Apesar das diferenças de temperamento, de *background* e de circunstâncias familiares, os pais bem-sucedidos têm diversos pontos em comum na formação dos filhos. Há certas atitudes e práticas – mas não fórmulas fixas – que aparecem uma e outra vez na sua vida familiar, embora variem muito nos pormenores. Convirá que examinemos brevemente essas características comuns.

Firmeza na fé

Os pais bem-sucedidos *conduzem* os filhos a amar, honrar e obedecer a Deus.

A família inteira leva a fé religiosa comum a sério e está disposta a vivê-la até ao sacrifício. Qualquer vínculo de amor autêntico exige que nos esqueçamos dos nossos confortos e interesses em função das necessidades e da felicidade de outra pessoa; amar significa sacrificar-se, e a capacidade de sacrificar-se sempre é um sinal do verdadeiro amor. O mesmo se passa na relação com Deus. Não nos esqueçamos de que o símbolo cristão por excelência é o crucifixo: Cristo que morre na cruz por amor a cada um de nós.

Numa família cristã, a oração e a prática religiosa não são meras formalidades ou atividades que se cumprem graças à inércia de um hábito irrefletido. Pelo contrário, a oração é uma parte viva da vida familiar, e as obrigações para com Deus são levadas muito a sério. Deus vive na família, não apenas na igreja paroquial.

Num lar como esse, as crianças podem observar que a consciência – a voz dos pais – é um guia que permite viver bem a vida inteira: a consciência é algo a que os adultos obedecem, não apenas as crianças.

Visão de longo prazo

Inevitavelmente, uma perspectiva cristã da vida implica uma perspectiva de longo prazo. Os pais enxergam o *destino eterno* do filho como o principal objetivo da vida familiar e da criação dos filhos. O céu, a amizade eterna com Deus, é que é a grande meta a ser atingida.

Este tipo de visão implica, como é evidente, um perfil claro de como deverá ser a vida de um filho aqui na terra: como viverá como adulto depois que tiver deixado a casa paterna? Que tipo de mulher ou de homem será?

Na maior parte das famílias de hoje, os pais têm muitas coisas que os ocupam e que concentram a sua atenção no dia ou, quando muito, na semana seguinte. O seu horizonte, compreensivelmente, costuma ser muito restrito. Esses pais geralmente só pensam a curto prazo: o «futuro» é uma questão de semanas, às vezes de um par de meses; na melhor das hipóteses, o seu olhar mal chega até ao verão seguinte ou ao próximo ano escolar. E quando pensam no futuro distante, daí a vinte ou mais anos, geralmente centram-se apenas na Faculdade e na carreira profissional.

Já os pais bem-sucedidos não pensam apenas a curto prazo, nem restringem as perspectivas de longo prazo apenas à vida profissional. Pensam na vida futura dos filhos em termos de caráter e consciência e fazem a si mesmos algumas perguntas sérias:

— Viverão os nossos filhos como homens e mulheres honrados, pessoas de caráter firme e consciência bem formada?

— Terão em alto grau as virtudes teologais da fé, esperança e caridade, e as virtudes morais da objetividade, senso de responsabilidade, perseverança corajosa e autodomínio?

— Quando tiverem de enfrentar tentações fortes, terão retidão de consciência e amor de Deus suficientes para resistir-lhes e perseverar? E se caírem e agirem mal, terão consciência de que pecaram e procurarão o perdão de Deus no sacramento da Reconciliação?

— Respeitarão a sensibilidade e os direitos de todos, sem exceção, a começar pelos de Deus? Serão corteses e repararão nas necessidades daqueles que os cercam? Praticarão a caridade cristã sem alimentar nenhum tipo de rancor contra quem quer que seja, incluídos os que quiserem considerar-se seus inimigos? Estarão preparados para pedir desculpas, para tomar a iniciativa em restaurar a paz e a convivência?

– Se Deus os chamar ao casamento, formará cada um deles um vínculo estável, sagrado e permanente, com um cônjuge que compartilhe os princípios da nossa família? Poderão conformar a sua vida familiar ao que observaram na nossa família, na qual cresceram? Dar-nos-ão netos em quem continuarão a viver os nossos valores e princípios religiosos?

– Se Deus chamar um ou mais deles ao celibato apostólico, viverão como homens e mulheres santos, apostólicos e dedicados, abraçando todas as almas como seus filhos espirituais, e dando-nos assim, para nossa felicidade eterna, uma multidão de netos espirituais?

– No mundo do trabalho, serão respeitados pela sua competência, integridade e compromisso com a excelência profissional? Façam o que fizerem, serão admirados como profissionais conscienciosos e pessoas de ambição honrada?

– Tornar-se-ão homens e mulheres confiantes? A sua confiança derivará de uma consciência limpa, do estado de graça habitual, de uma competência experiente, de um conhecimento límpido e sereno das suas forças e fraquezas, e da consciência de serem amados incondicionalmente por Deus, pela família e pelos amigos?

– Serão homens e mulheres de personalidade – bem--humorados, mas firmes nos seus propósitos, levando a sério as suas responsabilidades, mas não a si mesmos?

Em resumo, os pais cristãos bem-sucedidos estabelecem ideais elevados para o que esperam dos filhos na maturidade. Desejam seriamente que os filhos venham a ser melhores do que eles em todos os aspectos. Nunca perdem de vista esta esperança, e sabem muito bem que necessitam de um longo tempo para atingi-la; e assim trabalham dia após dia na orientação, direção e correção dos filhos.

Unidade

Os pais bem-sucedidos vivem a *unidade*. Marido e mulher consideram-se «sócios vitalícios», ajudando-se mutuamente, esforçando-se por aceitar as fraquezas um do outro, dedicando-se inteiramente a servir um ao outro.

O casamento não é um contrato em que se dividem os lucros na proporção 50/50. É antes um contrato 80/20 ou 90/10; isto é, cada parceiro *dá muito mais do que espera receber*. Amor verdadeiro não significa partilha justa; significa servir até ao sacrifício – esquecer-se de si mesmo e entregar-se a servir as necessidades dos outros.

Os pais que vivem desta forma, pondo sempre o cônjuge em primeiro lugar, ensinam aos filhos profundas lições sobre o casamento e a moral. Na verdade, ensinam uma das realidades mais importantes da vida:

as crianças não se tornam adultas quando são capazes de tomar conta de si próprias; só se tornam realmente adultas quando são capazes de tomar conta de outros e estão dispostas a fazê-lo.

A atitude das crianças para com a mãe reflete como numa imagem especular a atitude do pai para com ela, e vice-versa. Quando o marido honra a esposa e lhe confere o primeiro lugar na vida familiar, os filhos seguem o seu exemplo: honram a mãe e obedecem-lhe. Quando a mulher honra em primeiro lugar o marido, as crianças aprendem a considerá-lo seu modelo de vida. É com o pai que as meninas descobrem a mãe como o modelo para a sua vida futura, por ser uma mulher extraordinária, e que os meninos aprendem que ela é o tipo de mulher com quem deveriam casar-se um dia. E o mesmo se pode dizer, *mutatis mutandis,* da influência que o comportamento da mãe exerce sobre os filhos e as filhas.

Os pais responsáveis chamam, pois, frequentemente a atenção dos filhos para a excelência do cônjuge. A mãe diz, por exemplo: «Veja como o seu pai é dedicado e paciente, quanto ele nos ama; veja como sai todos os dias para o trabalho, mesmo quando está resfriado ou com dor de cabeça». O pai, por sua vez, diz: «A sua mãe é uma grande mulher. Veja que ela nunca para de nos servir, faz uma infinidade de coisas pela nossa felicidade, mesmo quando está cansada. Ela merece o melhor que possamos dar-lhe».

Se as crianças respeitam e admiram os pais, imitá-los--ão inconscientemente. Uma imensa parte do respeito com que tratamos determinada pessoa deriva da «boa reputação» que a cerca. Por conseguinte, cada cônjuge deve trabalhar de caso pensado para reforçar a «reputação» do outro, a elevada estima que merece graças à sua excelência pessoal.

Pais unidos como esses sempre encontram tempo para sentar-se e conversar entre si sobre a evolução do caráter de cada um dos filhos – as necessidades e os problemas que têm atualmente, os sinais de progresso que manifestam, os passos que eles, pais, devem dar e as lições que devem ensinar, quem deve encarregar-se de quê, e assim por diante... Esses pais consideram os domingos de manhã, e até vinte minutos aqui ou meia hora ali, como tempo que vale a pena dedicar a esse tipo de troca de ideias.

Os pais unidos *nunca* deixam as crianças intrometer-se entre eles. Se um filho pede alguma coisa ao pai ou à mãe (por exemplo, permissão para dormir na casa de um amigo ou para fazer uma compra, especialmente se se trata de um capricho), antes de mais nada pedem-lhe que espere até terem tido ocasião de conversar com o outro cônjuge: «Deixe-me falar com o seu pai antes...»; «Deixe-me falar com a sua mãe, e depois eu lhe respondo».

Para as crianças, sempre é bom ter de esperar, pois assim aprendem a deixar para mais tarde a satisfação dos seus desejos, o que já é em si mesmo uma boa prática formativa. Muito mais importante do que isso, porém, é que assim aprendem que ambos os pais estão determinados a colaborar mutuamente numa liderança unificada. *As crianças têm uma só inteligência e consciên-*

cia, e por isso têm de ter um conjunto único de normas claras que provêm ao mesmo tempo dos dois pais.

Os pais eficazes evitam a todo o custo brigar na frente dos filhos, pois sabem que isso abalaria toda a vida familiar. Podem não estar de acordo num ponto ou noutro, e até conversar abertamente sobre as suas divergências, mas nunca a ponto de discutirem acaloradamente. Muitos pais têm o costume de fazer um sinal ao cônjuge (apontar para o relógio, por exemplo, ou fazer um sinal de «Acabou o tempo») quando percebem que um desacordo ameaça tornar-se emocionalmente descontrolado; é o sinal de que, de momento, devem deixar o assunto de lado e adiar a discussão para mais tarde, longe das vistas dos filhos. A essas alturas, a maior parte da irritação já se terá dissipado e a paz poderá ser restaurada.

Esses pais, como é evidente, nunca contradizem um ao outro na frente dos filhos, sobretudo quando está em jogo uma questão disciplinar. Isso minaria seriamente a sua autoridade, o que é necessário evitar a todo o custo. Todos os desacordos entre pai e mãe devem ser resolvidos por meio de uma conversa privada, em que geralmente se consegue chegar a um bom compromisso.

Por fim, os pais bem-sucedidos pedem desculpas rapidamente. Uma ótima família é aquela em que todos, pais e filhos, fazem habitualmente o sacrifício de deixar de lado o orgulho e expressar um sincero arrependimento por qualquer ofensa que tenham causado, mesmo sem intenção. O «desculpe-me...» é uma das forças de união mais poderosas na vida familiar. O Senhor, que nos disse: *Bem-aventurados os artífices da paz* (Mt 5, 9), abençoa toda a família que se esforça por ter paz.

Antes de passarmos adiante, é preciso dizer alguma coisa sobre esses homens e mulheres valentes que têm de lutar sozinhos, sem o cônjuge ao lado, para criar bem os filhos. Enfrentam um desafio grande e heroico, mas, mesmo assim, muitos desses pais solitários conseguem obter sucesso.

Como é que o fazem? Viúvos e viúvas geralmente se apoiam na presença espiritual do cônjuge falecido. As crianças são levadas a continuar a honrá-lo, e assim esse ente querido continua a morar na família e a influir na formação moral dos filhos: «O seu pai (mãe) gostaria muito de que você agisse desta forma, e o está olhando do céu...»

Pais divorciados e separados têm de lidar de maneira diferente com este assunto, mas também eles trabalham por uma liderança confiante e unificada. Apresentam diversos traços em comum.

Em primeiro lugar, esforçam-se por perdoar o cônjuge que se separou. Não lhe querem mal pessoalmente: as brigas terminaram e há paz no coração. O princípio cristão que nos manda «odiar o pecado, mas amar o pecador» informa toda a sua atitude em relação àquele ou aquela que os abandonou. Na medida do possível, levam também as crianças a perdoá-lo[a] e compreendê-lo[a], e nunca deixam de amar o cônjuge que se afastou, por maiores que tenham sido os seus erros no passado.

Em segundo lugar, evitam considerar-se vítimas. Aceitam o que aconteceu como uma realidade. Olham para o futuro, não para o passado, e estão determinados a transmitir aos filhos uma consciência e um caráter sadios. E fazem um esforço enorme para assegurar que os erros e faltas do seu casamento não prejudiquem o futuro casamento dos filhos.

Em terceiro lugar, põem toda a sua confiança no cuidado paternal de Deus. Voltam-se para o Senhor pedindo-lhe que os ajude a ser mãe e pai para os filhos, confiando que Ele os ajudará a superar as suas limitações. Na vida familiar, de alguma forma, Deus toma o lugar do cônjuge que está faltando.

Controle da mídia

Os pais bem-sucedidos consideram, com toda a razão, que a mídia eletrônica é um *rival* que compete com eles pela mente e pelo coração dos filhos, e estão determinados a vencer essa competição.

Em consequência, exercem um controle criterioso, sensato e racional sobre os programas a que a família assiste na televisão, bem como sobre os filmes em cartaz, a música, os pôsteres e os *videogames.* Percebem que esses meios de comunicação muitas vezes – embora não sempre – apresentam o exato oposto das virtudes. Em vez da fé, da esperança e da caridade, a mídia muitas vezes promove uma visão materialista da vida. Em vez do bom senso, muitas vezes retrata um emocionalismo imbecil, em que os desejos se tornam necessidades. Em vez de fomentar a responsabilidade, promove a vaidade e um desprezo egocêntrico pela dignidade e os direitos dos outros. Em vez de incutir a fortaleza e a temperança, glamouriza a fraqueza consumista, o escapismo e a autocomplacência (incluído o sexo encarado como mera recreação), apresentados como uma vida normal, admirável e digna de ser imitada pelos jovens.

Portanto, se um programa de televisão traz pornografia ou violência gratuita, os pais simplesmente desligam a TV. Se uma revista inclui fotografias eróticas, arrancam-nas e até cancelam a assinatura. Se uma fita contém músicas com letras pouco convenientes, jogam-na fora. Isto é censura? É claro que é, e não há nada de errado nisso. Se os editores e produtores podem escolher o que querem ou não apresentar ao público – isto é, exercer a sua censura –, os pais certamente podem escolher o que querem ou não aceitar: o cliente sempre tem razão. Trata-se da casa *deles*, não da de outra pessoa, e portanto têm direito à última palavra nesta matéria.

Ao mesmo tempo, esses pais sabem que há muitas coisas boas na mídia e que os equipamentos eletrônicos podem proporcionar uma recreação saudável e moderada. Portanto, *usam* a mídia de forma razoável e inteligente, como meio de unir a família.

Só permitem, por exemplo, que haja um aparelho de televisão na casa, para que todos possam utilizá-lo de maneira mais responsável. A família assiste em conjunto a eventos esportivos, bons filmes e *shows* de qualidade, noticiários e documentários. *E isto é tudo aquilo a que assistem.*

Como é evidente, as crianças podem fazer pedidos e sugestões acerca de um ou outro programa, mas são os pais que decidem o quê, como e quando. Esta liderança enfatiza a autoridade dos pais. Uma vez que os meios eletrônicos são forças poderosas aos olhos das crianças, os pais que exercem esse controle criterioso parecem *até mais poderosos* aos olhos delas, o que é uma lição valiosa em si mesma.

O que os pais procuram ao usar a TV não é apenas proteger as crianças, mas ensinar-lhes lições de discernimento. Por meio de critérios firmes e do exercício de uma justa autoridade, as crianças aprendem a aceitar o que é bom e a rejeitar o que é nocivo, e a saber a diferença.

As crianças de hoje têm de aprender essas lições, e aprendê-las para a vida inteira. A nossa cultura transformou a imutável distinção moral entre o certo e o errado numa questão de *idade*: «Proibido para menores de dezoito anos... Somente para adultos...», etc.; não admira, pois, que os filhos pensem que, depois dos dezoito anos, tudo é permitido. Para não caírem nesse engano, precisam ver que os pais vivem de acordo com os princípios cristãos. Todos somos filhos de Deus e devemos amá-lo e obedecer-lhe por toda a vida, pouco importando a nossa idade: temos obrigação de viver na amizade com Deus. A moral cristã aplica-se tanto aos adultos como às crianças.

Quando se exerce um controle criterioso da mídia, acontecem algumas coisas maravilhosas na família. Pais e filhos encontram tempo para conhecer-se e amar-se mutuamente de uma maneira mais profunda; há muito mais tempo para a vida familiar conjunta; as crianças fortalecem-se no corpo e na mente através do esporte, das tarefas do lar, de jogos, *hobbies*, leitura e conversação, e formam-se igualmente nas virtudes da responsabilidade, da perseverança e do autocontrole. Assim se criam nelas memórias de uma estreita convivência familiar, que lhes servirão ao longo da vida inteira e fortalecerão as famílias que por sua vez hão de formar*.

Lições de integridade

Pais bem-sucedidos usam as palavras *integridade* e *honra* na vida familiar e ensinam aos filhos o que elas significam.

A palavra «integridade» está relacionada com «íntegro», «integrar» e «desintegrar». Transmite a ideia de *unidade*. Integridade significa unidade de intenção, de palavra e de ação – ou seja, exprime que queremos dizer o que dizemos, que dizemos o que queremos dizer, e que mantemos a palavra dada. Promessas vazias e mentiras simplesmente não fazem parte da nossa vida. Dizemos a verdade e cumprimos os nossos compromissos, mesmo que esse cumprimento implique um sacrifício pessoal.

(*) Sobre este tema, cfr., por exemplo, Mannoun Chimelli, *Família & Televisão*, 2ª ed., Quadrante, São Paulo, 2016.

Quase todas as crianças mentem espontaneamente de vez em quando, a fim de evitar um castigo ou fugir de uma responsabilidade. Mentiras e choro são a sua principal defesa contra a força dos adultos. Muitos pais bem-sucedidos lidam com este problema da seguinte forma: quando suspeitam que a criança está mentindo, especialmente em assuntos de certa importância, dizem-lhe: – «Vá para o seu quarto por cinco minutos e pense no que me acaba de dizer; depois volte para cá e dê-me a sua *palavra de honra.* Se me der a sua palavra, acreditarei em você».

Os pais que recorrem a este expediente, isto é, que pedem aos filhos a palavra de honra, quase nunca se veem desapontados, especialmente se esse costume familiar tiver começado já na primeira infância. Quando as crianças contam a verdade, os pais impõem-lhes um pequeno castigo pela falta cometida, mas recompensam-nas pela integridade, por exemplo com um abraço apertado, um beijo e umas palavras carinhosas: – «Não sabe como me orgulho de você por ter dito a verdade...»

Este costume é extremamente importante para as crianças, e reflete-se mais tarde. Quase todos os adolescentes queixam-se aos pais: – «Por que vocês não confiam em mim?» Os pais têm de estar em condições de responder-lhes com sinceridade: – «Confiamos inteiramente na sua integridade, e você sabe que sempre o fizemos. Sempre confiaremos na sua honestidade e nas suas boas intenções. A única coisa em que não podemos confiar, por enquanto, é no seu *critério*, e isto apenas porque você ainda não tem experiência suficiente. A experiência aperfeiçoa o critério. Quando você tiver mais experiência, poderemos confiar inteiramente em você – tanto na integridade como no critério».

A honra e a integridade também dizem respeito às promessas e compromissos de todo o tipo. As crianças têm de aprender uma lição importante: *não fazemos promessas facilmente, mas, se as tivermos feito, cumprimo-las.* Por favor, repare no «nós» subentendido: os pais nunca deveriam fazer promessas superficiais aos filhos, promessas que não pretendam cumprir. Aqui se incluem as ameaças: jamais devemos ameaçar uma criança com um castigo que não estejamos dispostos a aplicar-lhe.

Os ensinamentos acerca da integridade e da honra são vitalmente importantes para o futuro da criança. Além de serem uma ofensa a Deus, a mentira ou o descumprimento das promessas podem prejudicar ou mesmo simplesmente arruinar a futura carreira profissional da criança: os mentirosos costumam pura e simplesmente ser despedidos do emprego.

Por fim, como é evidente, o firme hábito de cumprir o que se prometeu, de pôr a honra em jogo cada vez que se assume um compromisso sério, é uma preparação direta para um casamento estável e santificado.

Firmeza afetuosa

Em questões de prática dirigida – levar ou obrigar as crianças a fazer o que é correto –, os pais cristãos eficazes praticam o que se pode chamar uma «assertividade afetuosa». Isto é, enunciam de forma clara e positiva, mas muito afetuosa, o que as crianças devem fazer. Mesmo quando sabem que têm de punir o filho, fazem-no com espírito de amor. A profunda afeição subjacente pode ser eclipsada durante alguns momentos pelas palavras fortes e por uma justa ira dos pais, mas o amor está sempre presente e a afeição não demora a manifestar-se de novo.

Esses pais consideram o «não» uma palavra de amor. Sabem que os filhos precisam ouvi-la de tempos em tempos – sempre que for necessário –, porque, caso contrário, nunca serão capazes de dizer «não» a si mesmos. Crianças que não experimentaram uma negativa paternal amorosa jamais conseguem formar o hábito da autonegação, e isso pode levá-las ao desastre. Quantos problemas e tragédias dos jovens – drogas, acidentes de carro por vezes fatais, promiscuidade e as suas consequências, carreiras mal direcionadas, casamentos desfeitos – não nascem da falta de uma afetuosa mas decidida orientação paterna durante a infância, ou seja, da falta da palavra «não»? Pais cristãos eficazes nunca se esquecem disto. Dá-lhes forças para perseverar.

O *por que* os pais corrigem é muito mais importante do que o *como*. Há pais que não têm dificuldade nenhuma em castigar fisicamente os filhos quando consideram necessário, especialmente se a criança é pequena demais para compreender o significado das palavras. Outros, por temperamento, detestam administrar qualquer castigo

LIDERANÇA E DISCIPLINA

corporal; preferem privar a criança de uma brincadeira ou aplicar-lhe algum outro tipo de consequências desagradáveis pelo seu mau comportamento. Qual dos dois métodos é o melhor?

Aparentemente, os dois são equivalentes. O que conta é o *motivo* pelo qual os pais corrigem, não o tipo de castigo que escolhem. Se a punição nasce do amor do pai pelo filho, da preocupação com a felicidade a longo prazo da criança, é eficaz, seja qual for a forma como é aplicada. As crianças misteriosamente percebem que «os meus pais me corrigem porque me amam». Lá no íntimo, sabem muito bem disso, principalmente se os pais as perdoam rápida e afetuosamente uma vez que o mal esteja desfeito e elas tenham pedido desculpas.

Também é muito importante a *firmeza* dos pais. Em todos os aspectos da vida, a autoridade tem de ser proporcional à responsabilidade, e isto aplica-se igualmente a eles. Com a enorme responsabilidade que têm pelos filhos, especialmente diante de Deus, é necessário que exerçam a autoridade. Uma das definições de autoridade é «o direito de ser obedecido»; os pais têm todo o direito de ser obedecidos pelos filhos, e os pais eficazes sabem disso.

Portanto, mesmo que possam ter dúvidas em muitos casos concretos, sempre devem ter plena confiança na sua própria autoridade. Isto é, podem hesitar quanto à melhor decisão a tomar em determinada situação familiar delicada, mas não devem ter a menor hesitação quanto ao seu direito de tomar essa decisão e de fazer com que seja cumprida. Não permitem que a indecisão conduza à ausência de ação, porque não ignoram que o pior de todos os erros é omitir-se em matérias importantes.

Como saber quais as matérias que são importantes e quais as que não? Aqui vão algumas orientações que provêm da experiência de muitos pais:

– É importante ter presente que *todas as crianças pequenas se comportam mal de vez em quando*. É um fato inevitável e completamente natural.

Deixam marcas de pegadas enlameadas por toda a casa, espalham por toda a parte brinquedos e roupas, esquecem-se – honestamente – de fazer os deveres de casa, e assim por diante, mas isso não são mais do que esquecimentos e desleixos infantis. É evidente que é necessário corrigi-las, mas certamente não o tempo todo, todas as vezes, a ponto de os pais quase perderem a cabeça. Alguns desses problemas desaparecerão naturalmente e outros serão corrigidos com o tempo, sobretudo se concentrarmos os esforços corretivos nos aspectos mais importantes.

– Um dos aspectos mais importantes é a *infração dos direitos de outras pessoas*, especialmente dos irmãos. Quando os nossos filhos infringem os direitos dos irmãos ou amigos – por exemplo, chamando-lhes nomes feios, batendo-lhes, pegando as coisas deles sem pedir permissão, revolvendo as coisas alheias –, *sempre* têm de ser corrigidos firmemente. As crianças devem aprender, sobretudo depois dos cinco anos, a viver de maneira justa e caridosa com os outros. Devem aprender que os outros têm direitos e sentimentos, e que estamos obrigados a refrear os nossos impulsos egoístas e a respeitar os direitos deles.

Em certo sentido, os nossos esforços por inculcar a justiça e a caridade nos filhos são uma preparação direta, embora a longo prazo, para o modo como tratarão mais tarde o cônjuge e os filhos. O seu comportamento em casa hoje é um aprendizado para a sua vida familiar de amanhã.

Quando o Senhor diz: *Bem-aventurados os artífices da paz...*, refere-se também aos pais de crianças pequenas. Pais que perseveram em fazer as pazes entre irmãos e irmãs, ensinando-lhes lições de responsabilidade moral, recebem mais tarde a recompensa pelos seus esforços: verão os filhos crescidos demonstrarem uma preocupação afetuosa uns pelos outros.

– E isto nos conduz ao aspecto mais importante de todos: as áreas em que nunca podemos deixar de corrigir energicamente as crianças, pois o mau comportamento nessas áreas pode prejudicá-las muito a sério, agora e mais tarde. São três:

a) quando as crianças *demonstram falta de respeito pelo pai* – quando tentam bater-lhe ou vingar-se de algum castigo, ou usam de uma linguagem desrespeitosa;

b) quando *demonstram falta de respeito pela autoridade paterna* – respondendo «não», recusando-se simplesmente a obedecer, ou fazendo negligentemente, de propósito, aquilo que as mandamos fazer;

c) quando *contam uma mentira deliberada*, especialmente depois de terem empenhado a sua palavra.

Esses três tipos de mau comportamento são tão importantes que é necessário combatê-los com toda a força, aplicando à criança um «castigo memorável» que nunca mais será esquecido.

Por quê? Porque qualquer outra coisa que tenhamos a ensinar-lhes, todas as outras lições acerca do certo e do errado, dependem inteiramente do respeito que os filhos tiverem por nós, pela nossa justa autoridade, e pela palavra deles mesmos. Se nos deixarmos vencer neste ponto, perderemos tudo. Perderemos os filhos. Mas se tivermos sucesso nestas matérias, poderemos conduzi-los de maneira eficaz em todos os outros pontos.

Os pais que concentrarem as suas correções nessas áreas – autoridade, justiça e verdade –, terão relativamente poucos problemas com os filhos em todas as outras questões menores, especialmente à medida que se forem tornando adultos.

Respeito dos legítimos direitos

Os pais que mostram aos filhos uma liderança moral confiante são pais que acabam por ter sucesso. Semelhante liderança moral exige, como é evidente, que deem bom exemplo no exercício responsável da sua autoridade, isto é, que sigam padrões claros de justiça e verdade ao lidarem com os filhos, e, entre outras coisas, que respeitem os direitos destes.

Sim, os filhos têm direitos, não por serem crianças, mas por serem pessoas, e todas as pessoas têm direitos.

LIDERANÇA E DISCIPLINA

Quando os filhos percebem que estamos firmemente determinados a ser *justos* com eles, passam a respeitar a nossa justa autoridade.

Em questões de disciplina e punições, quais os direitos dos filhos que deveríamos respeitar? Os mesmos que nós, adultos, esperamos que sejam respeitados no nosso relacionamento com as outras pessoas:

— *O direito de saber o que se espera deles*, as regras deveriam ser explicadas com clareza *antes*, juntamente com as consequências que derivam do seu não cumprimento. Ordens arbitrárias e caprichosas a pessoas de qualquer idade provocam apenas frustrações e rebelião. Todos nos ressentimos quando nos aplicam uma punição por não termos sido capazes de ler o pensamento alheio. (Para algumas regras, veja-se o próximo capítulo).

— *O direito à presunção de inocência*. A não ser que um pai tenha testemunhado pessoalmente o mau comportamento do filho, deveria suspender o juízo até a criança ter tido oportunidade de explicar-se. As aparências às vezes enganam. A justiça depende de realidades, não de «impressões» formadas às pressas.

— *O direito a um castigo proporcionado*. Uma punição pesada para infrações pequenas é injusta em si mesma. A ira quase sempre provoca reações exageradas, e por isso os pais deveriam esperar até terem recuperado a calma antes de aplicarem qualquer castigo: «Depois resolveremos este assunto...» Outra possibilidade é deixar a criança propor uma forma adequada de corrigir-se;

curiosamente, as sugestões das crianças costumam ser muito razoáveis e justas.

– O *direito a que lhes peçam desculpas.* Se um pai cometeu um erro de critério ou aplicou uma punição excessiva, deve pedir desculpas à criança. Os filhos passarão por alto ou perdoarão alguma injustiça ocasional se virem que os pais reconhecem que erraram.

– O *direito de recomeçar.* Uma vez que se pediu desculpas, o assunto está morto, e ponto final. Lançar em rosto aos filhos certas faltas passadas que já deveriam ter sido esquecidas envenena a vida familiar. (Isto aplica-se também ao relacionamento entre marido e mulher).

Em resumo, os pais cristãos tratam os filhos como Deus nos trata a todos nós: com um amor afetuoso incondicionado, com padrões claros sobre o certo e o errado, com expectativas elevadas, com respeito pela liberdade responsável, com uma justa correção dos erros e com a prontidão em perdoar.

Umas palavras finais que podem trazer-nos mais esperança e confiança na nossa capacidade de cumprir bem esta missão que Deus nos confiou. O nosso esforço por formar bem os filhos, como instrumentos escolhidos por Deus para conduzi-los à felicidade terrena e eterna, é um maravilhoso apostolado. E esse grande Apóstolo que foi São Paulo escreve umas palavras que se aplicam perfeitamente a nós como pais cristãos: *Sabemos que Deus faz todas as coisas* – até os nossos erros – *concorrerem para o bem daqueles que o amam, daqueles que foram chamados segundo o seu desígnio* (Rom 8, 28).

Regras e padrões

Como vimos até agora, uma família cristã bem-sucedida tem um claro senso de missão e uma liderança paterna e materna confiante. E isto conduz-nos ao terceiro elemento, a estrutura que interliga as pessoas: um conjunto claro de padrões elevados para as atitudes e o comportamento no lar; ou seja, um conjunto de regras.

Devemos ter sempre presente que as regras não se destinam a *controlar* os filhos, mas a ajudá-los a *formar-se*. Os pais que se esforçam demasiado por controlá-los, que estão preocupados com «o controle pelo controle», encontram a frustração e o desânimo; já os que procuram formá-los, conduzi-los a uma maturidade cristã responsável, encontram a paz e a satisfação.

As crianças têm de saber o que se espera delas; na verdade, todos nós precisamos disso. Quando crescem numa família governada por padrões exigentes e claros, por regras manifestamente justas, elas crescem num clima de confiança. Sentem-se seguras, acalentadas e amadas por saberem que os pais têm o controle de tudo.

Um ambiente amoroso e seguro leva-as a confiar nos pais, e isto por sua vez produz nelas uma sadia autoconfiança. As suas forças dirigem-se para a solução – não para a criação – de problemas, e o hábito adquirido de resolver as dificuldades com sucesso conduz à autoconfiança. Por fim, aprendem na prática a controlar os seus impulsos, a crescer em autodomínio. E crianças que sabem dominar-se a si mesmas estão preparadas para assumir a direção da sua própria vida.

Regras claras e razoáveis mostram às crianças onde estão as fronteiras entre o certo e o errado, esses limites fora dos quais as nossas ações e negligências começam a infringir os direitos dos outros – Deus, os pais, os irmãos e todas as outras pessoas. As regras dizem, com efeito: «No interior destas linhas divisórias, somos livres; mas, para além delas, ofendemos os outros, e não devemos ofendê-los». Constantemente, diariamente, de inúmeras formas, as regras ensinam às crianças critérios morais corretos, senso de responsabilidade e autocontrole. Noutras palavras, as regras preparam-nas continuamente para viver bem as virtudes.

Como dissemos acima, os pais ensinam principalmente pelo exemplo, não apenas pelas ordens. Em consequência, em qualquer família bem-sucedida as regras começam pela palavra «nós»: os padrões aplicam-se tanto aos pais como aos filhos. O pai e a mãe cumprem essas regras e insistem em que os pequenos façam o mesmo. Em última análise, o que os pais fazem é mostrar às crianças como vive um cristão adulto e responsável, e depois as lideram ou fazem com que elas os sigam. Assim, os pais *nunca exigem das crianças nada que eles mesmos não façam*; os seus filhos nunca podem acusá--los justamente de hipocrisia.

A experiência mostra que regras como essas – claras, razoáveis e aplicadas a todas as pessoas da família – são transmitidas de geração em geração. Quando os filhos formarem mais tarde as suas próprias famílias, lembrar--se-ão de como os seus pais os conduziram e adotarão os mesmos padrões para a sua própria família. Farão assim aquilo que Deus nos pede a todos: honrar pai e mãe. A melhor maneira de honrarmos os nossos pais é adotar os seus princípios e convicções e vivê-los ao longo de toda a nossa vida, para transmiti-los intactos aos nossos próprios filhos.

Estas são algumas das regras que, de uma forma ou de outra, parecem caracterizar a maior parte das famílias cristãs bem-sucedidas:

1. *Respeitamos os direitos e sentimentos de todos.*

– Não aplicamos nomes feios a outras pessoas nem brigamos com elas.

– Não usamos palavrões nem vulgaridades à toa.

– Dizemos a todos: «por favor», «obrigado», «desculpe-me», «dou-lhe a minha palavra...»

– Não interrompemos as pessoas quando estão falando; esperamos que acabem (os filhos não devem interromper os pais quando falam com outras pessoas, quer pessoalmente, quer ao telefone; se for algo urgente, devem dizer: «Desculpe-me, por favor...»).

– Não retrucamos quando somos corrigidos.

– Não fazemos promessas com facilidade; mas, se as fazemos, cumprimos a nossa palavra.

– Encaramos os compromissos e os prazos como promessas vinculantes; se não pudermos cumpri-los, apesar de termos feito tudo o que podíamos, pedimos desculpas sinceramente.

– Respeitamos a privacidade e a propriedade pessoal dos outros; batemos antes de entrar num quarto fechado e pedimos permissão antes de pegar alguma coisa emprestada.

– Jamais discutimos nem brigamos durante as refeições.

– Não fazemos fofoca acerca de outras pessoas nem falamos negativamente de ninguém pelas costas.

– Não nos metemos em assuntos que não nos dizem respeito.

– Damos aos hóspedes o melhor que temos.

– Usamos de boas maneiras ao telefone (apresentamo-nos antes de perguntar «Quem é?»; cumprimentamos e agradecemos como faríamos com qualquer pessoa).

– Pedimos desculpas se tivermos ofendido alguém, mesmo quando não pretendíamos ofendê-lo. A justiça e a caridade são mais importantes do que o nosso orgulho.

– Se alguém nos pede desculpas, aceitamo-las – porque é desonroso recusar-se a fazer as pazes.

REGRAS E PADRÕES

2. Todos nós contribuímos para fazer do nosso lar um lugar atrativo, civilizado e bem dirigido.

– Só entramos na casa com os sapatos limpos; se acidentalmente sujamos alguma coisa, limpamo-la.

– Não devolvemos o carro em casa com menos de um quarto de tanque.

– Não batemos as portas; se nos escapam sem querer, pedimos desculpas.

– Não trazemos «atividades externas» para dentro de casa: correr, jogar bola, lançar mísseis, luta livre...

– Não gritamos avisos de uma dependência para outra; vamos até o lugar onde a pessoa está e aí lhe dizemos o que temos de dizer num tom de voz normal.

– Não comemos nem bebemos nos quartos. Não se come fora da copa ou da sala de jantar.

– Não passamos da medida na comida nem na bebida; nada de comida fora de horas.

– Penduramos no guarda-roupa as roupas que não estamos usando; todas as roupas devem estar em um destes três lugares: no nosso corpo, no guarda-roupa ou gaveteiro, ou na área de serviço para lavar.

– Se já tivermos idade para isso, fazemos as nossas próprias camas de manhã.

– Guardamos os brinquedos e ferramentas quando não os estamos usando.

– Quando usamos um prato ou copo, lavamo-lo e guardamo-lo no seu devido lugar.

– Se pegamos alguma coisa emprestada, devolvemo--la ao seu dono; se perdemos alguma coisa emprestada, substituímo-la ou pagamos por ela.

– Cumprimos as nossas responsabilidades (as nossas tarefas em casa) prontamente e da melhor forma de que somos capazes. Isto inclui as lições escolares.

– Todos podemos fazer sugestões sobre muitas coisas na vida familiar, mas são os pais que tomam as decisões sobre os assuntos mais graves.

– Não buscamos tanto os *resultados*, mas *fazer o melhor que podemos*.

3. *Damos às pessoas as informações de que precisam para que possam cumprir as suas responsabilidades.*

– Ao sair, sempre informamos: para onde vou; com quem estarei; a que horas volto.

– Se percebemos que vamos atrasar-nos, telefonamos para avisar.

– Pedimos permissão com pelo menos um dia de antecedência para dormir na casa de um amigo, fazer acampamentos e coisas desse estilo. Informação em cima da hora ou insuficiente significa que não haverá permissão.

– Voltamos direto da escola, a não ser que tenhamos avisado outra coisa.

– Trazemos todos os amigos novos para visitar-nos e apresentamo-los aos nossos pais.

– Voltamos das festas a uma hora razoável, que tenha sido combinada antes.

– Anotamos os recados telefônicos de forma inteligente: o nome da pessoa que chamou, a hora em que chamou, o seu número de telefone (se for o caso), o assunto e o nome ou iniciais da pessoa que anotou o recado.

4. *Usamos a mídia para promover a vida familiar e o bem-estar, e não lhe permitimos que trabalhe contra nós.*

– Assistimos à televisão juntos: esportes, filmes e programas de alta qualidade, notícias e documentários... e é só.

– Não assistimos à televisão durante as refeições. Desligamo-la quando recebemos visitas.

– Se começarem discussões acerca da TV ou de um *videogame*, haverá um único aviso para pararmos; se os atritos continuarem, a atividade ou o programa serão encerrados.

– Mantemos o uso do telefone sob um certo controle: nada de ligações durante o jantar ou o tempo para fazer as lições de casa ou depois das dez da noite, a não ser em casos de emergência; as conversas devem durar menos de quinze minutos.

– Dedicamos a maior parte da vida familiar ao estudo, ao trabalho e a brincadeiras saudáveis, não grudados à TV. Passamos o nosso tempo conversando, lendo, estudando, realizando pequenas tarefas e brincando – aprendendo a conhecer-nos e a amar-nos uns aos outros nos poucos e preciosos anos que poderemos passar em família.

5. *Amamos e servimos a Deus sobre todas as coisas; agradecemos-lhe e pedimos a sua ajuda nas nossas necessidades e nas dos outros.*

– Agradecemos a Deus assistindo juntos à Missa aos domingos.

– Vestimo-nos bem para ir à igreja – porque Deus é mais importante do que qualquer outra pessoa, e procuramos fazer o melhor por Ele.

– Fazemos as nossas orações antes das refeições, à hora de dormir e em outras ocasiões especiais. Deus vive na nossa família, não apenas na igreja.

– Tratamos os sacerdotes com respeito, gratidão e afeto... e oramos por eles e pelas suas necessidades.

– Rezamos uns pelos outros, pela Igreja e por todos aqueles que sofrem necessidades.

– Confiamos em que Deus perdoa os nossos pecados e nos ajuda a ultrapassar as nossas limitações.

– Sempre temos consciência de que Deus cuida de nós com a sua proteção paternal... e assim as nossas vidas se tornam uma grande aventura.

Há muitas variações destas regras, como é evidente, e a lista não pretende de forma alguma ser exaustiva. Talvez queiramos acrescentar alguns itens e tirar outros. Não é isso o que importa; o que realmente conta é que haja padrões que vinculem todos os membros da família e formem qualidades no coração e na mente das crianças.

Lembremo-nos também de que viver por estes padrões todos os dias é um desafio formidável para qualquer pai. Precisamos de um ideal grandioso e apaixonante para perseverar, especialmente quando estamos a ponto de fraquejar ou de desanimar ante a falta de progresso aparente das crianças. Este ideal apaixonante é, evidentemente, o amor por cada uma delas. Criemos coragem e não desistamos, assim como Deus nunca desiste de nós nem jamais desistirá.

Lembremo-nos da promessa que Deus faz por meio do profeta Isaías (59, 21) aos pais que o amam e servem: *O meu espírito repousará sobre ti, e as minhas palavras, que pus na tua boca, nunca deixarão os teus lábios, nem os dos teus filhos, nem os dos filhos dos teus filhos, desde agora e para sempre, diz o Senhor.*

Tenhamos fé em que, com a ajuda de Deus e a nossa paciência perseverante, um dia veremos os filhos viverem por conta própria de acordo com esses padrões, mesmo antes de saírem da adolescência, e sobretudo quando fundarem a sua própria família – ou quando se entregarem a servir e fortalecer outras famílias por meio do celibato apostólico. A alegria que teremos nesse momento, o puro triunfo da vitória, será parte do prêmio divino, do *cem por um* que Cristo prometeu aos seus servos bons e fiéis.

* * *

Até agora vimos, neste livro, o horizonte estratégico da maternidade e da paternidade cristã eficaz: de que modo a missão, a liderança e uma estrutura familiar formativa trabalham em conjunto para transformar as crianças em homens e mulheres excelentes. Dedicaremos os capítulos restantes a observar mais de perto como os pais podem trabalhar os detalhes práticos da formação dos filhos. Procuraremos, em concreto, aprofundar no conhecimento das quatro virtudes cardeais – bom senso, responsabilidade, perseverança corajosa e domínio de si –, bem como das virtudes teologais da fé, esperança e caridade.

Bom senso e consciência bem formada

O bom senso e a consciência bem formada formam a base de todas as outras virtudes.

No decurso das suas vidas, os nossos filhos não poderão *praticar* deliberadamente o bem se não o *conhecerem*. Não podemos esperar que atuem com justiça se não souberem o que é justo. Não poderão viver a sua fé se ignorarem o que ela diz. Não poderão amar verdadeiramente a Deus e servi-lo se não o conhecerem primeiro. Não poderão avaliar os acontecimentos e as pessoas (por exemplo, o possível cônjuge) se não tiverem algum critério racional que lhes permita fazê-lo. Não poderão dirigir as suas vidas se não tiverem razões sólidas e convincentes para decidir de uma forma ou de outra.

Digamos desde já que, como é evidente, as crianças precisam também de uma vontade perseverante, de um coração afetuoso e de uma personalidade firme para viverem corretamente. Um conhecimento verdadeiro, mas isolado, que não se faz acompanhar das virtudes do caráter, é insuficiente; torna-se um amontoado inarticulado de boas intenções. Podemos dizer, em resumo, que o bom senso e a consciência fornecem a orientação para as escolhas mais importantes da vida, e as outras virtudes transformam essas escolhas em ação. *O bom senso conduz a boas decisões, e boas decisões conduzem a uma vida boa.*

Embora as crianças às vezes manifestem brilhantes *flashes* de intuição da verdade, não entram neste mundo dotadas de um bom senso sadio, da capacidade de julgar adequadamente todo o tipo de situações. Sem o ensino e a prática dirigida do discernimento moral, chegam à adolescência mantendo praticamente intactas as deficiências do pensamento infantil. As suas escolhas permanecem fortemente influenciadas pelas emoções, pelos apetites, pela pressão do ambiente e pela vaidade. A sua consciência continua a ser uma massa informe de sentimentos, varridos de cá para lá pelas circunstâncias e pelo egocentrismo racionalizado. São vítimas fáceis da propaganda e muitas vezes encontram-se paralisadas pela indecisão.

Os nossos filhos devem receber esse bom senso de nós. Têm de adquirir o nosso critério, os nossos princípios e as nossas convicções acerca da verdade e da justiça.

Como a capacidade de discernimento abrange tantos aspectos da vida, é difícil defini-la com exatidão. Mesmo assim, é real; reconhecemo-la quando a vemos nas pessoas. Como descrevê-la, então?

– O bom senso é a capacidade de reconhecer o bem, a verdade e o belo quando os vemos, e de distingui-los do nocivo, do falso e do sórdido. É a capacidade de fazer *distinções*.

– É também a capacidade de entender a natureza humana e assimilar a experiência de vida: compreender as motivações das pessoas, os valores e as prioridades da vida. Numa palavra, é a *prudência.*

– É o hábito adquirido de considerar as circunstâncias presentes à luz das *causas passadas* e das *implicações futuras* – as origens históricas e as tendências do futuro. Implica o hábito de perguntar-se: «Por quê?», «O que aconteceria se...?» e «Para onde estamos indo?»

– É também o hábito – que deriva dessas perguntas – de refletir sobre as prováveis consequências futuras das nossas atuais decisões livres, especialmente as consequências que podem afetar a vida dos outros. Para formulá-lo com simplicidade, é a *capacidade de previsão.*

– É o respeito pelo conhecimento e pelas realizações intelectuais: a *cultura.*

– Na moral (na trama formada pelos nossos direitos e obrigações), é a *consciência,* que consiste no hábito de nos perguntarmos, em situações que exigem uma decisão moral: «Como se relaciona isto com o que Deus me pede através da Igreja e dos meus pais e dos professores? Que devo fazer, aqui e agora, para agradar a Deus?»

– Em suma, é *usar a própria cabeça como um adulto responsável, competente e moralmente reto.*

É aqui que intervimos nós, como pais. A nossa tarefa consiste em ensinar os filhos a pensar como nós o fazemos, isto é, a adotar as nossas convicções e princípios como base para o discernimento do certo e do errado e de todos os horizontes da vida que os espera. Como as definições acima sugerem, temos de formar os filhos no hábito de refletir, de fazer perguntas, de deliberar e de aprender com a experiência.

Quando nos pusermos a ensinar-lhes tudo isto, porém, deveremos ter sempre presentes alguns aspectos importantes:

– Em primeiro lugar, nesta virtude, como em todas as outras, ensinamos principalmente pelo *exemplo*, e muitas vezes quando temos menos consciência disso. Como sabemos muito bem, as crianças têm uma «visão seletiva», mas é raro que deixem de reparar em algum detalhe. Podem observar o nosso discernimento em ação nos inúmeros pormenores da vida familiar: no modo como escolhemos livros e revistas, programas de TV, filmes, amigos, heróis, maneiras, regras para a casa... Todas estas decisões deixam transparecer com clareza quais são os nossos critérios reais. A seguir, só falta *explicar-lhes o porquê de cada uma delas*.

As crianças aprendem também muitíssimo com aquilo que *ouvem* em casa. Das nossas conversas com o cônjuge, os outros filhos, amigos e convidados, e mesmo das nossas «exclamações» diante da TV, absorvem «pedacinhos» do nosso critério, que depois unem como um quebra-cabeças com aquilo que lhes dizemos diretamente. Como é natural, ouvem muito mais coisas em casa quando a sua atenção não está presa à televisão; se estiverem sentadas em transe diante da telinha, perdem as interações conversacionais dos pais. E aquilo que não ouvem, também não o aprendem.

Alguns pais espertos usam o que se poderia designar por «audição dirigida». Isto é, conversam um com o outro sobre determinados assuntos que os filhos, especialmente os mais velhos, deveriam ouvir. É algo que se faz quando todos estão juntos: durante as refeições, ao sair de carro, ou com todos sentados na sala de estar. Por exemplo, se o noticiário do dia descreve um acidente de carro fatal com adolescentes, os pais podem comentar: «Que tragédia!... Devemos rezar pelas vítimas e pelas suas pobres famílias... Será que a causa foi o álcool, ou (mais provável) um simples impulso de vaidade? Se o motorista sobreviveu, imagine como se sentirá pelo resto da vida, sabendo que causou a morte de alguém... Que diferença pode fazer uma decisão errada, um único minuto destemperado, na vida de uma pessoa!...» Não se trata de inventar conversas, como é evidente: têm de ser reais e sinceras. Mas trazem uma lição por assim dizer «colateral» para as crianças que estão prestando atenção. Embora não recebam uma lição de moral, entendem o nó da questão.

— Em segundo lugar, temos de dispor de *tempo* para conversar em família. As crianças aprendem um pouco de cada vez acerca do modo de raciocinar e discernir dos pais; e quando os pais querem dar-lhes oportunidade para isso, criam de uma forma ou de outra ocasiões para estar com elas e aproveitam também as que se apresentam espontaneamente. Quando o nosso *porquê* é suficientemente forte, sempre encontramos um *como*.

Não nos custará muito obter o tempo de que precisamos se, por exemplo – desculpem a insistência –, passarmos a controlar a televisão. Se a mantivermos habitualmente desligada, o tempo do jantar poderá estender-se um pouco mais, porque ninguém terá pressa de assistir à novela, e o jantar poderá tornar-se uma reunião familiar mais distendida e tranquila. O tempo que passamos juntos, lavando os pratos, jogando damas ou xadrez, respondendo a perguntas sobre a lição de casa, andando de carro, fazendo pequenos consertos na casa – todas essas ocasiões criam assuntos de conversa, dão margem a brincadeiras, suscitam perguntas e permitem pensar as coisas em conjunto.

– Em terceiro lugar, é necessário *respeitar a liberdade* dos filhos. Temos de distinguir claramente entre os juízos morais e as matérias de livre opinião e de gosto pessoal. A nossa intenção é que os filhos vivam a vida inteira de acordo com os princípios morais universais, isto é, os que dizem respeito a todos nós, qualquer que seja a nossa idade ou condição. É por isso que insistimos em que respeitem a nossa autoridade, respeitem os direitos dos outros e se unam a nós no louvor a Deus. Mas, à medida que crescem, e especialmente a partir da adolescência, devem ter a liberdade de discordar de nós em todas as matérias de opinião e gosto – e nós temos de respeitar essa liberdade.

Não devemos transformar em dogmas matérias claramente opináveis: preferências em matéria de diversão, gostos musicais, eventuais decisões acerca da futura carreira profissional, inclinação por determinados partidos ou candidatos políticos e assim por diante. Não temos o direito de impor os nossos gostos ou ideias em nada disso. Há ocasiões em que podemos ter «princípios demais».

Se agirmos assim, podemos estar descansados, que os nossos filhos aprenderão a distinguir entre as convicções que são efetivamente princípios morais e as que não o são. E não se sentirão tentados, como tantos adolescentes e jovens adultos, a rebelar-se e a rejeitar todos os «dogmas» dos pais, tanto os que foram revelados por Deus como os que foram apenas estabelecidos pelos mais velhos. Com efeito, adultos jovens criados por pais que respeitam continuamente a sua justa liberdade, que os ensinam a pensar por conta própria, são os mais inclinados a seguir o exemplo dos pais em quase todos os campos.

— Por fim, esforcemo-nos por *melhorar continuamente os nossos critérios*. Apliquemo-nos tanto quanto possível à leitura, ao estudo e à conversa com pessoas cujo critério respeitamos. Continuamos a aprender durante toda a nossa vida, mas especialmente quando queremos fazê-lo. Se tivermos dúvidas acerca da correção de determinado modo de agir (como, por exemplo, a distinção entre o que é moral e o que é assunto opinável), conversemos com outras pessoas de bom discernimento, o que, evidentemente, inclui o nosso cônjuge. Conversas regulares com um diretor espiritual são também uma forma excelente de adquirir critérios mais seguros.

Além de pedir conselho, devemos ter gosto pelo estudo e desejo de aprender. Se lermos bastante, os nossos filhos provavelmente também aprenderão a ler habitualmente. Se conseguirmos ler alguns dos melhores livros que a escola os manda ler, poderemos trocar ideias com eles, levando-os a tirar lições sobre o ser humano e a vida.

Seja como for, façamos o que fizermos, devemos continuar a desenvolver os nossos critérios para ensinar algumas lições importantes aos filhos, como por exemplo:

– aprender é algo que se faz ao longo da vida toda; os anos escolares são apenas o começo;

– as lições mais importantes acerca da vida são aprendidas fora da escola;

– as pessoas que gostam de aprender mantêm o espírito jovem ao longo da vida inteira.

Leitura e cultura

São Josemaria Escrivá, fundador do Opus Dei, afirmou certa vez: «Estas crises mundiais são crises de santos...»[*]

Quando os nossos filhos estiverem no final da adolescência, deverão saber o que significa a palavra «santidade». Mas também deveriam saber o que significa a expressão «crises mundiais», e não poderão fazê-lo se, quando tiverem idade para isso, não tomarem conhecimento dos assuntos humanos, dos acontecimentos so-

---

[*] Josemaria Escrivá, *Caminho*, 11ª ed., Quadrante, São Paulo, 2016, n. 301.

BOM SENSO E CONSCIÊNCIA BEM FORMADA

ciais e políticos que lhes dizem respeito, tanto a eles como às suas futuras famílias.

A determinada altura, a sua visão do mundo deve começar a estender-se para além das estreitas fronteiras infantis de família, escola, esportes e restaurantes de *fast food* das vizinhanças. Só poderão tornar-se líderes se entenderem as pessoas, todo o tipo de pessoas. Só poderão vir a eleger os homens públicos se estiverem informados do bem e do mal que estes são capazes de fazer. Só poderão influir nos destinos da sociedade se compreenderem os problemas do nosso tempo.

Em suma, os nossos filhos têm de ultrapassar o ingênuo provincianismo social e histórico que caracteriza tantos jovens de hoje. A História ensina-nos que a paz e a prosperidade não são «estados de natureza», que as guerras e as depressões econômicas vão e vêm e podem muito bem voltar ao longo da vida deles. Os adultos de todas as gerações, incluída a deles, têm de enfrentar pesados problemas sociais e lidar com eles da melhor forma que puderem.

Será que os nossos filhos adolescentes ou jovens adultos compreendem essa realidade? Será que os preparamos para se tornarem cidadãos bem informados e responsáveis? Será que sabem o que acontece no mundo, tanto de bom como de mau? Percebem que as «crises mundiais» resultam da ignorância e do mal no coração humano?

Durante séculos, a conversação e a leitura, não a televisão, foram os grandes meios pelos quais as crianças aprendiam sobre o mundo exterior. Isto deveria servir-

-nos de orientação. Precisamos levar os nossos filhos a ler, e a ler com critério e discernimento.

Comecemos pelos jornais. Quando os filhos entrarem na Faculdade, deverão ser capazes de ler alguma coisa no jornal além da crônica de esportes e dos quadrinhos. As notícias e as seções editoriais transmitem – de forma imperfeita, como é evidente – acontecimentos e tendências que um dia podem vir a afetar a vida deles: o emprego, a trama moral da sociedade, a segurança física e moral das suas famílias. Se lermos o jornal com eles, explicando-lhes o que seja necessário, podemos ajudá-los a compreender essas coisas. Num certo sentido, preparamo-los assim para que possam proteger-se a si mesmos e às famílias que vierem a constituir. Esta é a maneira como os pais bem-sucedidos protegem os seus filhos: preparando-os para que se protejam a si próprios e aos outros ao longo da sua vida.

Os nossos filhos deveriam ler também outras obras, tantas quanto possível, mesmo ficções leves, mas sem modismos («É um *best-seller!*, «Todo o mundo já leu!», «Ganhou o Nobel!») e com um sadio critério moral. Se desenvolverem o hábito de ler, saberão reconhecer mais tarde, quando forem ler as grandes obras da literatura universal, por que elas são grandes. As obras-primas sobrepujarão tudo o que leram até o momento. A grande literatura, a História e a biografia ensinam-nos muito acerca da natureza humana, dos triunfos e das tolices dos nossos colegas de humanidade.

Na sua leitura, as crianças podem aprender muito sobre heróis e sobre o heroísmo. Veem por meio de exemplos concretos como pessoas comuns podem encontrar e superar grandes desafios. Conhecem personagens literários e figuras históricas que viveram e vivem muitas virtudes. Podem observar como os santos as viveram heroicamente, e como atingiram a grandeza pela fé, pela esperança e pelo amor a Deus e às almas. Uma vida virtuosa é uma vida de aventura, e as vidas aventurosas dos santos inspiram-nos a todos: ninguém desfruta mais da vida do que um santo, e qualquer pessoa pode tornar-se santa.

Mas, por favor, lembremo-nos disto: os nossos filhos necessitam de heróis. Os jovens estão sempre à procura de uma vida que possam imitar; se não tiverem heróis, seguirão as «celebridades»... e os palhaços.

Uma vida virtuosa ensina-lhes mais do que qualquer conjunto de regras de conduta; e, na verdade, confere profundidade e significado às regras. Quando as crianças têm heróis, acabam por enxergar também o heroísmo dos pais. Mais tarde, quando fundarem as suas famílias, lembrar-se-ão da mãe e do pai como pessoas extraordinárias. Num lar cristão, portanto, ler é muito mais do que um mero passatempo agradável: é uma preparação para a vida.

A capacidade de fazer distinções

Uma das formas de entender a virtude da prudência ou bom senso é considerá-la como a *capacidade adquirida de fazer distinções.*

Nota-se isto até no uso que fazemos das palavras. Uma mente «aguda» é capaz de penetrar nos assuntos e cortá-los em partes, especialmente pares de opostos. Uma mente «deliberada» significa etimologicamente uma mente que «pesa as coisas numa balança», a fim de avaliar os prós e os contras de determinado assunto, especialmente de uma forma de agir.

De maneira geral, a tarefa dos pais consiste em ajudar as crianças a superar o pensamento confuso próprio da infância, a sua forte tendência a julgar todas as situações de forma emotiva, indiscriminada e distorcida pelo interesse próprio. Uma simples olhadela nas obras dos grandes mestres – Sócrates, Platão, Aristóteles, Tomás de Aquino – revela o esforço constante que faziam por estabelecer distinções claras. Eles ensinavam os discípulos a *discernir*. Nós, como mestres-pais, enfrentamos o mesmo desafio com os «discípulos» que Deus nos deu.

Esta tarefa é dificultada pelo *ethos* da sociedade atual, que leva a confundir as distinções e a esconder ou eliminar as diferenças em matéria de moral e até de senso comum: certo e errado, verdade e opinião, objetivo e subjetivo, consciência e «sentimentos», até masculino e feminino. Por isso mesmo, temos de trabalhar conscienciosamente na construção do critério ético e intelectual dos nossos filhos.

Quais são as distinções que devemos ensinar-lhes? Que devem ser capazes de distinguir quando atingirem a maturidade? Eis alguns exemplos (não há dúvida de que você e o seu cônjuge podem acrescentar muitos outros):

– compreensão compassiva *versus* hostilidade ou indiferença;

— moderação no prazer *versus* excessos de autoindulgência;

— heróis autênticos *versus* celebridades e *entertainers;*

— consciência clara e forte *versus* sentimentalismo interesseiro;

— direitos *versus* interesses;

— amigos verdadeiros *versus* colegas ou cúmplices;

— risco calculado *versus* impulsividade;

— boas maneiras *versus* pedantismo;

— «classe» *versus* vulgaridade;

— sadio respeito por si mesmo *versus* orgulho arrogante;

— integridade *versus* pragmatismo, isto é, falta de respeito pela verdade e pela palavra dada;

— competição e esportividade honradas *versus* ambição desenfreada («vencer a todo o custo»);

— paciência *versus* impetuosidade;

— opiniões raciocinadas *versus* sentimentos e impressões;

— amor *versus* erotismo;

— ceticismo sadio e esperteza *versus* cinismo;

— Lei de Deus (direitos morais) *versus* leis humanas (direitos legais);

— serviço público ético *versus* política ideológica;

— humor e ironia saudável *versus* zombaria mesquinha;

— perseverança corajosa *versus* escapismo;

— dificuldades normais e inevitáveis *versus* «aborrecimentos insuportáveis»;

— ordem e limpeza *versus* desleixo infantil;

— profissionalismo *versus* amadorismo e descuido;

— realidades comprovadas *versus* preconceitos subjetivos;

- presunção de inocência *versus* juízos precipitados;
- esforço saudável *versus* preguiça;
- amor pelo pecador *versus* ódio ao pecado;
- cuidar da própria vida *versus* fofoca e interferência;
- desculpa e espírito de perdão *versus* ressentimentos e ódios;
- espírito de serviço responsável *versus* egocentrismo infantil;
- visão cristã da vida *versus* materialismo.

Como dissemos, esta lista não pretende de forma alguma ser exaustiva. Podemos acrescentar-lhe muitos itens à medida que o consideremos necessário. (Na verdade, isso seria até um exercício estimulante e clarificador). Mas o nosso objetivo aqui é apenas mostrar que tipo de distinções devemos tentar construir na inteligência dos filhos a fim de torná-los capazes de separar o certo do errado, o bom do mau, o nobre do sórdido.

Ao mesmo tempo, as crianças têm de adquirir o *vocabulário* de que necessitam para compreender esses conceitos. Têm de ouvir e entender uma e outra vez as palavras centrais que designam os aspectos de uma vida correta – integridade, honra, justiça, misericórdia, perdão, caridade etc. –, bem como os seus opostos.

Explicações razoáveis

No capítulo anterior, vimos a importância que tem uma boa lista de regras de conduta para a convivência familiar e a formação dos filhos. De tempos em tempos, como é evidente, as crianças porão em dúvida essas regras, quer desafiando-as, quer perguntando honestamente o motivo por que devem segui-las. As nossas respostas às suas perguntas, as nossas explicações acerca das razões que estão por trás das regras, ajudam-nas a adquirir um critério sadio e a exercitar a consciência. Por exemplo:

– Por que não podemos brigar durante o jantar?

Resposta: podemos discordar em muitas coisas durante o jantar, mas não a ponto de nos irritarmos e brigarmos. O jantar em família é um momento especial; é uma das poucas ocasiões em que podemos estar unidos, e em que por meio das nossas orações antes das refeições pedimos a Deus que nos abençoe. Sempre é necessário evitar brigas, é claro, mas insisto terminantemente em que não as toleraremos durante o jantar. Além disso, é bom para todos nós praticarmos ao menos uma ou duas vezes por dia um autodomínio completo: assim acabaremos por transformá-lo numa qualidade habitual. Por fim, a harmonia familiar é especialmente importante para a sua mãe, e ela merece tê-la ao menos uma vez por dia, durante o jantar – como uma vitória e uma recompensa.

– Por que temos de pôr as coisas de volta no lugar de onde as tiramos?

Porque fazê-lo ensina a ter consideração pelos direitos e necessidades dos outros. O desleixo é egoísta; a ordem revela preocupação com os outros. Não podemos servir eficazmente as outras pessoas enquanto não tivermos o hábito de levar em consideração as suas necessidades, pondo-as acima do nosso conforto e das nossas conveniências. Cada filho deve cultivar este hábito desde já em serviço dos seus pais e irmãos, e assim aprenderá a fazê-lo mais tarde – assim esperamos – em serviço do seu consorte e filhos, e igualmente dos amigos, chefes, clientes, fregueses, bem como de todas as pessoas que passam por alguma necessidade.

– Por que não podemos jogar bola dentro de casa?

Porque a casa é um lugar onde aprendemos a praticar um autodomínio civilizado e a controlar os nossos impulsos por amor à harmonia da vida em comum. Se você ceder aos impulsos descontrolados, acabará quebrando coisas da casa e entristecerá a sua mãe. Mais tarde, na vida, os impulsos descontrolados podem levar-nos a causar danos ainda maiores a nós mesmos e aos outros; esta regra é uma das formas de construir o hábito do autocontrole.

– Por que não podemos assistir a tudo aquilo a que os outros assistem na TV?

Porque os programas imorais ofendem a Deus, e isto é algo que não fazemos. Agradar a Deus e evitar o pecado é sempre muito mais importante do que ser conformista e seguir a chamada «opinião pública».

As pessoas que vivem os princípios cristãos sempre são um pouco «diferentes», e não há nada de errado nisso.

Quanto aos programas que não levantam questões morais, mas não deixam de ser uma perda de tempo, preferiríamos que você crescesse na mente e no corpo por meio de leituras, jogos e esportes. Assistir demais à TV é como mascar chiclete: agradável, mas essencialmente inútil.

— Por que sempre temos que dizer para onde vamos, e por que devemos telefonar quando vamos nos atrasar?
Porque a sua mãe e eu amamos vocês tanto que nos preocupamos com a sua segurança. Hoje em dia, os pais já têm muitas preocupações com a vida dos seus filhos; é injusto e doloroso causar-lhes ansiedades desnecessárias.

— Por que sempre temos que dizer «por favor» e «obrigado» e «desculpe-me»?
Porque todas as pessoas têm dignidade, direitos e sentimentos, e as boas maneiras são o meio de que dispomos para reconhecer essa realidade; assim aprendemos a viver o respeito pelos outros.

— Por que temos de ir à Missa aos domingos?
Porque Deus nos pede que o façamos, e nós sempre nos esforçamos por obedecer-lhe. Ele é o nosso Pai. Temos obrigação de louvá-lo, agradecer-lhe e amá-lo. Não assistimos à Missa por diversão ou por um motivo social, mas porque queremos *retribuir* a Deus uma pequena parcela do seu infinito amor por cada um de nós. A Missa é a oração perfeita para isso, porque foi instituída pelo próprio Cristo.

E assim por diante...

As crianças podem não compreender plenamente as nossas explicações acerca das regras, pelo menos por algum tempo. Mesmo assim, temos de perseverar.

Se as nossas explicações forem dadas num momento em que lhes corrigimos determinado mau comportamento, pode ser que não gostem do que ouvem e resistam emocionalmente. É algo que não nos deveria surpreender, pois ninguém gosta de ser corrigido; faremos bem, portanto, se pura e simplesmente ignorarmos as lamentações e os gemidos. Se percebermos que nos perguntam insistentemente «por quê?» apenas para nos provocar, basta deixarmos de lado o assunto: «Já lhe expliquei o porquê. Portanto, o assunto está encerrado, e ponto final». Mais tarde, quando as emoções se tiverem acalmado, a lição acabará por penetrar nas suas mentes. Mesmo que as aparências sejam contrárias, elas não deixam de prestar atenção.

Olhar para trás e para o futuro

Todo o mundo gosta de histórias, sobretudo as crianças. Seria muito bom que encontrássemos tempo para contar-lhes histórias centradas na nossa família, especialmente nos dias de hoje, em que os laços com o tronco familiar estão fracos e desfiados.

Trata-se de dar aos filhos a noção de que fazem parte de uma história familiar continuada: falar-lhes dos avós e antepassados que um dia tiveram a mesma idade que eles, foram de um lugar para outro, serviram os outros por meio do seu trabalho, apaixonaram-se e casaram-se, perseveraram na fé através de guerras e épocas economicamente difíceis – que foram, em resumo, pessoas silenciosamente heroicas. Num sentido muito real, todos nós descendemos de heróis.

Tanto nós como o nosso cônjuge deveríamos também falar-lhes da nossa história pessoal: da nossa vida quando éramos crianças e adolescentes, das nossas ambições nobres e dos nossos erros e tolices hilariantes, da descoberta um do outro e do namoro, da grande alegria que tivemos com o nascimento de cada filho, dos sonhos e preocupações que cada um deles despertou em nós.

Os filhos devem saber os *hobbies* que o pai tinha quando era pequeno, as travessuras pelas quais foi castigado, como os avós costumavam celebrar o Natal, por que a mãe e o pai chegaram a considerar os avós pessoas maravilhosas, o que a mãe pensou do pai quando o encontrou pela primeira vez, como escolheram o nome de cada filho, e assim por diante. Desta forma, as crianças aprendem a conhecer exaustivamente os pais; aliás, é importante termos sempre presente que é sinal de uma família saudável que os filhos conheçam bem os pais e por isso os respeitem.

A história pessoal dos pais – como toda a grande história – traz implicitamente lições acerca das virtudes e da vida. De muitas formas sutis, os filhos chegam assim a compreender os princípios dos pais, por que eles pensam e agem de determinada maneira e não de outra. E chegam também a entender que lhes cabe levar essa aventura familiar para a frente, vivendo a vida em plenitude – e estado de graça –, preservando intactos os valores e a fé da família e transmitindo-os aos filhos que por sua vez tiverem.

Lições de vida

Um dos principais papéis dos pais é ensinar aos filhos essas lições-chave da vida que se costumam designar por *experiência*. Trata-se de lições (ou generalizações, como preferirmos) extraídas da prática que muitos adultos responsáveis e reflexivos reconhecem como verdadeiras e importantes. Transmitem aspectos básicos da compreensão da vida humana e da retidão de caráter que passam de uma geração para outra.

São lições que os jovens aprendem principalmente em casa, não na escola – embora muitas vezes constituam a trama moral de muitas obras da grande literatura. Se considerarmos cada vida humana (tanto a real como a retratada pela ficção) como uma história que continua, com capítulos de experiência ao longo do caminho, então as lições de vida constituem a «moral da história»: aquilo que aprendemos acerca da vida à medida que crescemos.

Há dúzias dessas lições de vida, e geralmente sabemos reconhecê-las como verdadeiras quando as vemos formuladas. Podemos tê-las ouvido aos nossos pais quando éramos pequenos, mas só chegamos a entender o seu verdadeiro significado depois que crescemos. Num sentido muito real, não amadurecemos enquanto não tivermos entendido a fundo a verdade, a grande sabedoria, das lições dos nossos pais: «Como a mãe e o pai tinham razão!...»

Eis algumas:

– As autênticas riquezas da vida são uma fé firme, uma consciência limpa, o amor da família e dos amigos. Tudo o mais é «dado por acréscimo».

– As pessoas mais felizes são aquelas que conseguem esquecer os seus interesses egoístas e dirigir todas as suas forças para o bem-estar dos outros.

– Se procurarmos diretamente a felicidade na vida, ela nos escapará; só conseguiremos agarrá-la se tentarmos dá-la aos outros.

– O casamento não é um contrato comercial; só funciona quando cada um dos cônjuges se entrega ao outro generosamente, abundantemente, sem se preocupar com o retorno.

– Uma vida dedicada à busca do prazer acaba por ser inclementemente ambiciosa, sempre insatisfeita, e em última análise solitária; mas a vida dedicada ao espírito – voltada para Deus e para a bondade, a verdade e a beleza – traz felicidade e paz interior.

– O tempo é um recurso escasso e insubstituível; se não o usamos bem, desperdiçamo-lo.

– Caráter é o que admiramos nas pessoas para além dos seus talentos e apesar dos seus defeitos.

– A responsabilidade é inevitável, porque todos nós respondemos perante alguém: a família, os chefes, os clientes, os fregueses, a lei. E todos respondem perante Deus.

– «Não há almoço de graça»; toda a realização que valha a pena exige um esforço sacrificado.

– Os prazos são bons, ainda que nos cansem, porque existe um estresse bom; realizamos melhor o nosso trabalho quando estamos sob uma certa pressão.

– As boas amizades desenvolvem o que há de melhor em nós.

– O respeito por si próprio é mais importante do que a popularidade; se tivermos um autorrespeito sadio, ganharemos o respeito dos outros.

– Podemos dizer muito sobre as pessoas se sabemos quem são os seus heróis, aqueles a quem admiram mais.

– Muitas vezes é necessária mais sabedoria para aceitar bons conselhos do que para dá-los.

– Ninguém respeita um mentiroso, um fofoqueiro, um cínico ou um lamuriento, nem confia nele.

– Na vida profissional – qualquer chefe poderá confirmar-lhe esta verdade –, o caráter e a integridade contam para o sucesso muito mais do que o talento, as habilidades ou as credenciais.

– Os faladores superficiais raramente chegam aos postos mais altos; os verdadeiros líderes são conversadores inteligentes e ouvintes inteligentes.

– Quando duas pessoas de boa vontade se irritam uma com a outra, a causa é quase sempre algum tipo de mal-entendido.

– Não chegamos realmente a perdoar se não esquecemos também integralmente; alimentar mágoas pelas ofensas passadas é mau e destrutivo.

– Recusar as desculpas sinceras de alguém é profundamente ofensivo.

– Deus pôs-nos neste mundo para que o sirvamos servindo os outros; nascemos para servir, não para ir ao *shopping*.

– Pessoas «sintonizadas com os seus sentimentos» raramente chegam a realizar alguma coisa; as realizações autênticas quase sempre exigem que *superemos* os nossos sentimentos.

– Ter de lidar com dificuldades ocasionais é normal e inevitável; quem não consegue aceitar esta realidade torna-se hipocondríaco e insuportável.

– Não existem empregos ideais. Todos os tipos de trabalho, mesmo aqueles dos quais gostamos, têm algum aspecto que nos desagrada – papelada, prazos apertados, interrupções, exigências sem sentido, e assim por diante. As pessoas responsáveis simplesmente aceitam essa realidade sem queixar-se e continuam a fazer o seu trabalho.

– O dinheiro é um instrumento para o bem-estar das pessoas que amamos e das que passam por necessidades – e mais nada.

– As pessoas imaturas não distinguem entre desejos e necessidades.

– Nada, absolutamente nada, vale a perda da nossa alma.

– Quando pedimos a ajuda de Deus, quando pedimos um milagre, começamos a reparar nas coincidências.

– O segredo para o sucesso em qualquer aspecto da vida é ser movido por um amor grande e apaixonado.

– Se amarmos e servirmos a Deus de todo o coração, a nossa felicidade nunca terá fim.

Não há fórmulas feitas, não há situações típicas para ensinar estas e outras verdades aos filhos. O ponto-chave é que as compreendamos e creiamos pessoalmente nelas, que formem a base dos nossos juízos de consciência e da nossa ética. Quando é assim, as lições vêm espontaneamente à tona na nossa conversa, especialmente quando ajudamos as crianças:

a) a entender as pessoas e os valores, e

b) especialmente, quando as ajudamos a aprender com os próprios erros.

Valores

Ensinamos valores aos filhos ensinando-lhes as prioridades da vida, porque é isso o que a palavra «valores» significa: aquilo que vem em primeiro lugar, em segundo, em terceiro e assim por diante, na nossa vontade e nas nossas afeições. Ou seja, aquilo que trazemos no coração.

Precisamos ajudar os filhos a compreender as pessoas, coisa que terão de fazer sempre para abrir caminho na vida. É importante que compreendam o que leva as pessoas a agir desta ou daquela forma e como a diferença de

BOM SENSO E CONSCIÊNCIA BEM FORMADA   95

motivação cria um caráter forte ou fraco, um comportamento honrado ou desonroso. Quantas coisas na vida são, no fundo, uma questão de opção por estes ou aqueles valores!

Os filhos deveriam compreender o que é um herói: uma pessoa que, mesmo com erros e limitações pessoais, se compromete pessoalmente a viver os grandes valores da vida até o fim. Todos os santos do passado – e do presente – podem e devem ser heróis para nós.

Podemos servir-nos de personagens da literatura, de filmes, da história e da biografia para ensinar aos filhos os valores pelos quais as pessoas se orientam. Podemos fazer o mesmo com figuras vivas do presente, mas sempre, como é evidente, com caridade. Se houver algum aspecto lamentável na vida dos outros, deveremos tomar o cuidado de deplorar apenas a *falta*, não a *pessoa*. Seja como for, nessas ocasiões em que falemos com os filhos acerca dos valores, podemos começar por observar um personagem e refletir sobre a ordem de prioridades e de ambições que essa pessoa seguiu. Da lista de amores e desejos que enunciamos a seguir, qual é o que significa mais para essa pessoa, e em que ordem?

– Deus;
– família e amigos;
– a pátria;
– dinheiro;
– fama/glória;
– trabalho satisfatório;
– promoções no emprego;

– conforto e conveniência;
– prazer e diversão;
– poder sobre os outros;
– segurança;
– conformismo, aceitação por parte dos outros;
– vingança.

Os santos puseram Deus em primeiro lugar, e os mártires puseram-no acima da própria vida – como São Thomas More, que renunciou a um cargo público de importância, à família, aos amigos e a todos os confortos da vida antes que ofender a Deus. Os missionários puseram Deus acima da família, da pátria, do dinheiro e do conforto; para eles, nada foi mais importante do que ganhar almas para Cristo.

Outros heróis põem o amor à família, aos amigos e à pátria acima da riqueza, do poder e da segurança. Muitas pessoas, mesmo hoje, preferem Deus e a família ao dinheiro e ao crescimento profissional, renunciando a promoções que implicariam mudar de cidade e prejudicar assim a educação dos filhos; de uma forma serena e silenciosa, são heroicas. Cada dia, esposas e mães dedicadas põem Deus e a família acima do conforto, da conveniência, da diversão e do conformismo; também elas são heroicas. E igualmente o são os pais que dão aos filhos novos irmãos e irmãs, em vez de brinquedos e coisas, dinheiro e conforto; corajosamente, põem em primeiro lugar Deus e a família.

Outros põem o poder acima de qualquer coisa, e – é triste dizê-lo – muitas vezes são eleitos para cargos públicos. Outros preferem o prazer e o conforto a Deus e à família; geralmente não têm fé, e os seus casamentos costumam ser um desastre. Outros ainda abandonam a fé dos pais para não terem de parecer «diferentes» num mundo materialista; preferem o conformismo e a segurança a Deus e à família. E a lista de vidas com valores deslocados poderia continuar indefinidamente, não apenas com exemplos tirados da literatura e da televisão, mas das pessoas da nossa vizinhança ou do ambiente de trabalho.

Avaliar os homens desta forma ajudará os nossos filhos a compreender o significado dos *princípios* – o primeiro lugar incontestável que atribuímos a Deus e à lei moral, e, em consequência, a firme determinação que temos de pôr a família, os amigos, a verdade e a justiça acima de qualquer outra coisa.

Esta forma habitual de avaliar os motivos das pessoas, os seus princípios ou a sua falta de princípios, é extremamente necessária para que os nossos filhos saibam ser prudentes na condução das suas próprias vidas. Ajuda-os a compreender, por exemplo, por que não aprovamos alguns dos seus amigos e insistimos em que deixem de relacionar-se com eles: «Não temos nada de pessoal contra o Joãozinho... Mas acontece que, infelizmente, ele e a sua família não seguem os mesmos princípios que nós, e os bons amigos sempre deveriam ter os mesmos valores». Isto há de levá-los, mais tarde, a escolher bem as pessoas às quais se vincularão – amigos, chefes e colegas de trabalho, técnicos esportivos, professores universitários... e, sobretudo, a futura esposa.

Jovens que estão a ponto de casar-se devem examinar cuidadosamente uma série de aspectos do possível consorte, mas o mais importante é saber se ele ou ela tem os mesmos princípios que eles. Marido e mulher podem divergir em quase todas as áreas, mas têm de ter os mesmos valores básicos. Esta é uma das formas mais necessárias e mais seguras de preparar os filhos para um casamento permanente, estável e feliz.

Aprender com os próprios erros

A estas alturas, não parece haver dúvida de que o nosso papel como pais é criar os filhos para que se tornem homens e mulheres capazes de agir com voluntariedade plena. Devem ser pessoas tão confiantes e enérgicas quanto o seu temperamento o permita, e para isso devem esforçar-se habitualmente por alcançar os seus objetivos. (As pessoas não conseguem alcançar grandes ideais na vida se antes não aprenderam a esforçar-se por atingir metas pequenas ou grandes, próximas ou distantes). Devem ao mesmo tempo ter um espírito empreendedor, disposto e capaz de assumir riscos calculados e de aceitar as consequências. Em resumo, devem ser preparados para um dia se tornarem líderes, tanto no trabalho como nas suas próprias famílias.

Tenhamos presente que o nosso filho de dois anos de idade, transbordante de energia, capaz de explorar sem pausa todos os recantos da casa – e de por vezes levar-nos à loucura –, deve tornar-se um dia um profissional vigoroso e clarividente, um pai que inspire confiança aos clientes, colegas e filhos. A nossa filha teimosa, mas tocante e sedutoramente amável, deverá um dia ser uma excelente esposa e mãe, uma profissional respeitada e uma líder carismática da sua comunidade. O nosso papel consiste em dirigir as energias dos filhos e fortalecer a sua capacidade de decisão.

Ora, se criarmos os nossos filhos para viverem desta forma, como empreendedores confiantes, não será de surpreender, e até será natural, que cometam erros ao longo do caminho, e muitos! Isso é normal, natural e até saudável. Afinal de contas, não queremos que se tornem medrosos e apáticos. Os conformistas preguiçosos e tímidos raramente cometem erros ativos; os seus grandes erros são de omissão e negligência, e estes costumam ser os piores de todos. Certamente, não desejamos que os nossos filhos sejam assim.

Em decorrência, não há mal nenhum em que os nossos filhos cometam erros à medida que crescem, desde que se verifiquem duas coisas: em primeiro lugar, *que procurem fazer a coisa certa*, pois devemos esperar deles, não tanto a perfeição nem os resultados, mas sim um esforço sério nesse sentido; e, em segundo lugar, que *aprendam com os seus erros*, que reflitam sobre o que saiu errado e por quê, de forma a evitar futuras quedas.

As pessoas que aprendem com os erros crescem constante e rapidamente em bom senso e discernimento. A experiência conduz a uma competência confiante. Leva também ao respeito pela experiência alheia, que é um dos pilares do profissionalismo.

Veremos os filhos tomarem decisões errôneas na vida familiar, na escola e nos esportes. Podem cometer erros ao fazerem um conserto na casa. Podem anotar incorretamente uma indicação do professor e fazer a lição de casa errada. Podem perder um lance ao jogarem futebol por estarem distraídos. Podem fazer um comentário deslocado e assim ofender um amigo. Podem perder a hora ao visitarem um amigo e chegar tarde a casa. Podem tomar algo emprestado de um irmão sem permissão e depois, por acidente, quebrá-lo. Podem ignorar um conselho dado por nós e por isso meter-se em encrencas. E a lista poderia prolongar-se indefinidamente...

Mesmo que a nossa vida familiar seja apertada, mesmo que tenhamos cem coisas a realizar num dia, vale a pena fazermos o esforço de conversar com as crianças e ajudá-las a aprender com os seus erros. É um dos melhores investimentos de tempo que podemos fazer. Como é evidente, não há fórmulas para este tipo de conversa, mas há alguns conselhos que podem dar bom resultado.

Em primeiro lugar, embora possamos apontar o erro no mesmo momento em que foi cometido, deveríamos procurar ter uma conversa corretiva em privado e pessoalmente, mesmo que isso signifique esperar alguns minutos ou (com os filhos mais velhos) um par de horas. Os comentários feitos em privado penetram mais fundo; a criança não estará nervosa nem aflita, nem embaraçada por haver outros que podem estar ouvindo. Isto é especialmente importante quando os filhos cometem algum erro que nos deixe particularmente irritados. O melhor é adiar qualquer reprimenda, se possível, até termos esfriado a cabeça e sermos capazes de admoestar com calma.

Em segundo lugar, devemos fazer tudo o que pudermos para determinar se a criança realmente tentava fazer a coisa certa. Um «erro honesto», por assim dizer, um erro cometido quando se queria agir bem, é muito menos sério do que uma negligência despreocupada ou um impulso mesquinho. Devemos perguntar: «Você *tentou* fazer a coisa certa?» Mas deixemos sempre os filhos perceberem que não desconfiamos de maneira nenhuma das suas boas intenções.

Por fim, se possível, ajudemo-los a ver em retrospecto aquilo que fizeram, a fim de levá-los a diagnosticar onde agiram mal. Podemos fazer-lhes algumas perguntas:

— Qual era a sua ideia quando fez isso? Que esperava que acontecesse?

— O que exatamente saiu errado?

— Qual foi a sua reação? Que pensou e sentiu depois?

— Que fizeram e disseram as pessoas que o cercavam? De que modo o seu erro as afetou?

— Se o seu erro causou um problema ou uma ofensa a alguém, como pensa você que essa pessoa se está sentindo agora?

— Que pode fazer para reparar o seu erro? Se ofendeu alguém, mesmo sem querer, não acha que deveria pedir-lhe desculpas?

— Se se encontrar novamente neste tipo de situação, que fará de diferente? Aprendeu com o seu erro?

Se orientarmos frequentemente as crianças neste tipo de reflexão, os seus erros trarão consigo um grande bem, porque as ajudarão a formar e reforçar o seu critério e a sua sinceridade. E o mais importante talvez seja que se sentirão menos inclinadas a culpar os outros pelas suas falhas e mais dispostas a compreender e perdoar quando sofrerem alguma ofensa.

Cristianismo *versus* materialismo

Em todas estas coisas, o que realmente ensinamos aos filhos é – a largos traços – a diferença entre a verdade cristã, uma visão da vida centrada em Cristo, e uma perspectiva materialista.

Q materialismo não consiste apenas em andar atrás de coisas. Consiste principalmente em *considerar o ser humano como uma coisa* – um primata inteligente, um animal – e em *tratar as outras pessoas como meras coisas*, que só têm valor na medida em que nos proporcionam poder e prazer.

O materialismo tem diversos artigos de fé:

– Deus não existe;
– a vida termina com a morte;
– não somos responsáveis diante de ninguém, com exceção da lei penal, pelo modo como vivemos;
– a «verdade» é relativa;
– a «consciência» é sentimentalismo informe;
– os únicos males reais são a dor física e o desconforto;

– a finalidade da vida consiste em maximizar o prazer e o poder.

Semelhante modo de encarar a vida permeia toda a nossa sociedade, assim como dominou a sociedade da era pré-cristã. É a Grande Mentira do nosso tempo. É a versão atualizada da tentação original narrada no Gênesis (3, 5): *Sereis como deuses...* A História mostra-nos que os que procuram viver como deuses, sem limites nem responsabilidades, acabam por viver como animais.

A Grande Mentira, semeada pelo Maligno, está continuamente em ação ao nosso redor. Nos Estados Unidos, a cada ano, mais de um milhão de mulheres pagam a alguém para que lhes mate os filhos por nascer. Podem-se encontrar nas páginas amarelas os endereços das clínicas abortivas. A pornografia legalmente permitida e socialmente aceita trata homens e mulheres como porcos. As famílias são destruídas por conflitos egoístas; e os corações dos filhos, partidos, talvez para sempre. Milhares de pais de família são despedidos injustamente e os salários de que precisavam para viver são sacrificados sem outra finalidade que não elevar os lucros da empresa. O blablablá dos programas de variedades e *talk shows* gira despudoradamente em torno do estômago e das glândulas, e as «celebridades» dedicam-se a ventilar as suas opiniões sobre qualquer assunto, exceto as grandes questões que estão no centro da vida: «Que acontece quando morremos? Que sentido tem o sofrimento? Diante de quem somos responsáveis pelo modo como vivemos?»

No meio dessa bestialidade triunfante, a nossa missão consiste em ensinar aos filhos a verdade, a fé cristã que está no íntimo do nosso coração:

— *somos filhos amados de Deus;*
— éramos escravos do pecado, mas Ele nos redimiu por meio do seu Filho;
— somos responsáveis diante dEle pelo modo como vivemos;
— ofendemo-lo e causamos mal à nossa alma quando escolhemos coisas contrárias à sua vontade;
— somos responsáveis pelas almas que nos cercam;
— nunca seremos verdadeiramente felizes se não nos esforçarmos por servir a Deus e aos nossos próximos com todo o nosso coração, com toda a alma, com toda a inteligência e com todas as forças.

Se a fé cristã estiver por trás das nossas lições sobre o certo e errado, os filhos a adotarão e viverão por ela ao longo de toda a vida; saberão reconhecer o materialismo quando o virem ao seu redor, e hão de repeli-lo e afastá-lo das suas próprias famílias. Tal como nós, morrerão para si mesmos — suportarão todos os sacrifícios — antes que permitir que lhes corrompam os filhos.

Queira Deus que possamos um dia conhecer essa felicidade profunda que São João descreve na sua terceira epístola: *Não há para mim maior alegria do que ouvir que os meus filhos andam na verdade* (3 Jo 4).

Responsabilidade, coragem, autodomínio

No capítulo anterior, vimos como formar a mente dos filhos para que sejam capazes de distinguir o certo do errado e de reconhecer as grandes verdades da vida como uma luz que deve orientar toda a sua vida futura. Neste capítulo, dirigiremos a nossa atenção para a *vontade* e o *coração*, para o *desejo* de fazer a coisa certa (uma vez que tenhamos determinado qual é) e a *força* necessária para levar esse desejo a cabo, para pô-lo em prática. Assim, comentaremos as virtudes da responsabilidade, da perseverança corajosa e do autodomínio.

A formação moral e religiosa dos nossos filhos depende de todas essas qualidades. Como dissemos acima, as boas intenções não bastam. A graça apoia-se na natureza, e Deus quer contar com o caráter firme dos nossos filhos para levar a cabo de forma eficaz a sua vontade de fazê-los verdadeiramente felizes: tanto na vida deles mesmos, como na das outras pessoas que deles dependam – a começar pelas suas famílias, e depois, por irradiação, atingindo a sociedade inteira.

Podemos até instruir bem as crianças na doutrina cristã, mas, se crescerem fracas, indecisas e habitualmente autoindulgentes, nunca chegarão a ser bons cristãos. Podem saber o que é o certo, mas não terão a coragem necessária para vivê-lo. Podem saber o que está errado, mas não terão forças para resistir-lhe. Umas práticas piedosas superficiais não substituem a força de caráter. Deus e a sua Igreja necessitam de homens e mulheres valentes, e a sagrada missão dos pais consiste em preparar-lhos.

Como ensinar as virtudes: alguns princípios

Antes de aprofundarmos na formação das diversas virtudes morais, será interessante termos presentes – especialmente quando percebermos que estamos a ponto de perder a cabeça – diversos princípios práticos gerais cuja utilidade foi amplamente confirmada pela experiência.

– A nossa estratégia não consiste em *controlar* as crianças, mas em formá-las para que desenvolvam o *hábito de se controlarem a si mesmas* por toda a vida. Esta tarefa vitalmente importante leva anos, mas não tantos como poderia parecer-nos. O pior momento, de longe, é quando os filhos têm entre dois e cinco anos, o período mais selvagem de toda a vida. Se conseguirmos inculcar neles bons hábitos e atitudes por volta dos seis anos, estaremos a mais do que meio caminho da vitória.

– Em toda a casa com crianças pequenas, há uma luta pelo poder: Quem manda aqui? A criança procura

RESPONSABILIDADE, CORAGEM, AUTODOMÍNIO   107

agressivamente dominar, e o pai consciencioso está determinado a que isso não aconteça. Os pais têm o controle da casa, e ponto final. Se vencermos esta luta, se os nossos filhos chegarem aos seis anos com essa ideia clara e a disposição de obedecer, terão confiança em nós e paz de espírito. E então poderemos dirigi-los efetivamente pelo resto dos anos que passarão sob o nosso teto – mesmo na adolescência.

– As lições-chave que as crianças pequenas devem aprender são:

a) respeito por nós e pela nossa justa autoridade;

b) respeito pelos direitos dos outros; e

c) hábitos de piedade pessoal e gratidão a Deus.

Esses três pontos são vitais para que os nossos filhos tenham capacidade para aprender qualquer outra coisa que devamos ensinar-lhes, agora e mais tarde.

– Também é preciso ensinar-lhes outras lições, evidentemente: ordem pessoal e asseio; boa educação; boas maneiras durante as refeições, etc. É necessário começar a ensiná-las antes dos seis anos, mas, na melhor das hipóteses, teremos apenas um sucesso moderado – idas e vindas, progressos e fracassos, repetições infindáveis, às vezes nenhum sinal de melhora –; devemos ser pacientes e perseverantes. Aliás, enquanto as crianças estiverem aprendendo as lições-chave, todas essas outras constituem apenas primeiras noções, uma base para o desenvolvimento futuro. Depois dos seis anos, as crianças progredirão muito mais rapidamente em todas as áreas – tal como um arranha-céu sobe velozmente uma vez que as suas fundações estejam solidamente estabelecidas.

Podemos contar sempre com a ajuda de Deus, porque, ao educarmos os filhos, estamos cumprindo a missão que Ele nos confiou neste mundo – transformar cada filho nessa obra-prima que o Senhor tinha em mente quando o confiou aos nossos cuidados. Temos o direito de pedir-lhe um milagre de vez em quando. Mas é necessário lembrar que os milagres às vezes exigem uma preparação desagradável: saliva no ouvido, barro nos olhos, uma tempestade no lago, uma busca infrutífera por peixes, as lágrimas de uns pais. É que Cristo nos pergunta aquilo que costumava perguntar aos personagens do Evangelho: *Onde está a vossa fé?*

Devemos ter fé em Deus e na nossa vitória final. Se mantivermos a luta e nunca desistirmos, os fracassos não terão importância. Em algum ponto, talvez antes do que pensamos, os nossos filhos darão sinais de realmente estarem crescendo.

Responsabilidade

A palavra «responsabilidade» está relacionada com «responder», ou seja, implica a existência de alguém perante o qual respondemos e de algum assunto pelo qual respondemos. Enquanto virtude, significa que respondemos a uma pessoa revestida de autoridade (Deus, os pais, os professores, os empregadores, a lei) pelo modo como conduzimos a nossa vida e pelo modo como tratamos os outros.

Todo o desenvolvimento moral da criança consiste em deslocar o centro de interesse do «eu» para «os outros». As crianças estão centradas em si mesmas; os adultos responsáveis, centrados nos outros. Os pequenos têm de ser conduzidos «para fora» da preocupação com o «eu» e levados a respeitar e a servir as necessidades e os direitos alheios.

A existência dos *direitos* das outras pessoas implica a existência dos *deveres* correspondentes. Deus tem o direito de ser obedecido e adorado, e portanto nós temos o dever de fazê-lo. Os transeuntes têm direito à segurança física, e por isso estamos obrigados a dirigir com cuidado. Os pais deram-nos a vida em todo o rico significado desta palavra, e assim temos obrigação de honrá-los para sempre.

Trata-se de uma virtude que, tal como a do critério, é rica e abrange tudo. O seu significado abarca tantos aspectos da nossa vida que talvez seja mais fácil descrevê-la do que defini-la. Sabemos reconhecer pessoas responsáveis quando nos cruzamos com elas na vida; como são?

– As pessoas responsáveis centram a sua vida no serviço aos outros, não na preocupação com o seu próprio poder e bem-estar. Têm os olhos voltados para as necessidades dos outros, não para as próprias. Um político responsável leva em consideração o bem do seu país. Um profissional responsável pensa nos clientes e fregueses. Um marido responsável dedica-se à esposa. Uma mulher responsável dedica-se ao marido. Ambos se sacrificam pelos filhos.

– As pessoas responsáveis cumprem integralmente os seus deveres, quer se sintam inclinadas a fazê-lo, quer não. O profissionalismo consiste na capacidade de a pessoa realizar da melhor forma possível o seu trabalho, sem levar em consideração se se sente bem ou não ao realizá-lo. Da mesma forma, os pais responsáveis cumprem as suas obrigações familiares mesmo quando estão cansados e sentem a tentação de ceder; nunca se permitem ser remissos e nunca desistem.

– As pessoas responsáveis assumem as consequências das suas decisões livres e dos seus erros. Este é o significado básico do «responder» pelo que se faz. Essas pessoas não mentem a si mesmas, não transferem as eventuais culpas para outros e não se consideram vítimas. Honram as suas promessas e compromissos, mesmo à custa de sacrifícios pessoais.

– As pessoas responsáveis limitam-se a cuidar dos seus assuntos e não se metem no que não lhes diz respeito. Evitam a fofoca, a difamação e os juízos precipitados. Concedem aos outros o benefício da dúvida e respeitam o direito que têm à presunção de inocência.

– As pessoas responsáveis compreendem a relação que há entre a negligência e os prejuízos que dela resultam para si mesmas ou para outros, e por isso fazem o melhor que podem. Negligenciar os deveres próprios, sejam quais forem, causa danos ou ofensas aos outros: um cirurgião desleixado pode deixar o paciente paralítico, um motorista descuidado pode matar os seus passageiros, um pai negligente pode destruir moralmente os filhos.

– As pessoas responsáveis reconhecem e respeitam a justa autoridade dos outros. Respeitam a Lei de Deus e as leis civis, bem como os direitos dos professores e chefes. Aprendendo a obedecer, aprendem a mandar. Além disso, embora não insistam muito nos seus direitos, sabem quais são e estão preparados para defendê-los contra eventuais injustiças.

– As pessoas responsáveis são excelentes cidadãos, trabalhadores e pais. São as pedras vivas com que se constroem famílias saudáveis e uma sociedade íntegra.

Em outras palavras, responsabilidade é sinônimo de *amor*. É o esforço consciencioso por cumprir os deveres para com Deus, a família, os vizinhos, a pátria – até ao sacrifício. Este tipo de amor encontra-se em todas as famílias autênticas.

O ensino da responsabilidade

Como podemos ensinar aos filhos igual modo de encarar a vida? Já vimos muitas formas de fazê-lo; voltemos a considerá-las para encontrar algumas novas sugestões concretas.

O tema da responsabilidade pessoal permeia todas as regras para a convivência no lar que já estudamos. Cada regra, se cumprida de forma consistente e habitual, tira as crianças das suas preocupações egocêntricas e leva-as a servir a Deus e ao resto da família. Uma vez que as regras começam todas com um «nós» – pois aplicam-se tanto aos pais como aos filhos –, os pais têm que dar um contínuo exemplo pessoal de responsabilidade.

Dar bom exemplo de caso pensado é muito importante, especialmente nos dias que correm. Tenhamos presente que as crianças de hoje raramente veem os pais – e especialmente o pai – exercerem ativamente as suas responsabilidades. A vida no lar, em grande medida e quase exclusivamente, é devotada ao lazer, à diversão e ao entretenimento. Segundo a experiência dos filhos pequenos, portanto, a vida consiste sobretudo em brincar. O mundo do trabalho sério, no qual quase todos os adultos exercem as suas capacidades da maneira mais plena e responsável, está inteiramente fora do campo de visão das crianças e, portanto, do seu aprendizado. Assim, se os pais não mostrarem um comportamento responsável em casa, e insistirem em que as crianças os sigam, elas não compreenderão esse conceito, uma vez que nunca o verão posto em prática.

Numa família saudável, as crianças sentem-se necessárias. Cada uma tem determinadas tarefas a desempenhar, pequenas ou grandes, por meio das quais serve a família inteira. Mesmo que essas tarefas sejam pessoais (limpar o quarto, guardar os brinquedos, fazer a cama de manhã), contribuem para a boa aparência e a ordem da casa toda, coisa que os pais devem valorizar muito e

RESPONSABILIDADE, CORAGEM, AUTODOMÍNIO   113

em que precisam insistir. Mais tarde, as crianças serão capazes de cuidar de outras pessoas (o que é a marca registrada da autêntica responsabilidade), graças a esses anos de prática em cuidar das suas próprias coisas.

Isto inclui as lições que devem fazer para a escola. Os pais devem deixar claro que esperam delas o melhor que puderem, não apenas boas notas. Se as crianças evidentemente estiverem fazendo o melhor que podem, isso bastará. Mas aqui, tal como em outras áreas da vida familiar, têm de fazer um esforço muito sério.

É natural que seja necessário explicar-lhes claramente os padrões que devem atingir. Uma forma de fazê-lo é conferir as lições escritas que fizeram. Foram feitas às pressas? Há erros de ortografia devidos unicamente ao desleixo? Ao lermos os seus trabalhos em voz alta (um costume excelente na vida familiar), encontramos escorregões gramaticais e erros de lógica? Uma vez que as lições de casa são na verdade uma preparação de longo prazo para o trabalho profissional, as crianças têm de incorporar padrões habituais de ordem e clareza de expressão. Portanto, se o trabalho escolar estiver abaixo do padrão, devemos levá-las a refazê-lo – o que é uma prática habitual em qualquer lugar de trabalho de boa qualidade.

Os pais eficazes levam os filhos a superar-se, a empenhar todas as suas forças na tarefa que têm entre mãos. (Toda a responsabilidade resume-se, afinal de contas, no esforço por superar-se). Importa muito que levemos as crianças a tentarem realizar as tarefas por si mesmas, e que não as façamos no lugar delas. Isto é, devemos *dirigi-las*, aconselhando-as e dando-lhes sugestões até que tenham chegado claramente ao máximo das suas capacidades. E só então podemos intervir e ajudá-las a terminar a tarefa, se necessário. Podemos usar frases como:

— Você não é mais um bebê... Já pode fazer isso sozinho...

— Eu sei que você é capaz de fazê-lo, se tentar.

— Você é mais forte do que pensa.

— Ainda não desista... Tente de novo.

— Você quase conseguiu; tente mais uma vez.

— Não fuja dos problemas.

— Você fez o que podia, tenho orgulho de você.

«Orgulho-me de você»: quanto não significa essa frase para uma criança! As crianças necessitam tanto do louvor como das correções, e os elogios deveriam ser tão específicos quanto as críticas. É necessário louvar os esforços sérios que fazem por realizar bem uma tarefa, independentemente do resultado, e assim mostrar-lhes que nos agrada vê-los esforçar-se. E quando cumprem uma tarefa, louvamo-las honestamente, como merecem.

O elogio sempre deve ser sincero, como é evidente, pois as crianças têm uma agudíssima sensibilidade para detectar a falta de sinceridade; percebem-na imediatamente. Em quase todos os casos, um louvor insincero e não merecido é pior do que nenhum. As crianças, como todos nós, desconsideram os juízos claramente exagera-

RESPONSABILIDADE, CORAGEM, AUTODOMÍNIO   115

dos. Aqui, como em tantos outros aspectos da vida familiar, o amor à verdade é primordial.

Perseverança corajosa

O que vimos sobre a responsabilidade conduz-nos naturalmente às considerações que temos de fazer sobre a virtude da fortaleza, e em parte até as torna desnecessárias. Cumprir os deveres e responsabilidades exige de nós uma grande força de vontade e de coração, e essa força é vital para o crescimento do caráter dos filhos.

Como entender a fortaleza? O que caracteriza as pessoas dotadas desta virtude?

– As pessoas corajosas têm a capacidade adquirida de superar ou suportar as dificuldades. Suportam a contradição e até a dor física sem reclamar. Recuperam-se rapidamente dos fracassos e das desilusões.

– As pessoas corajosas suportam o tédio que a vida necessariamente traz consigo, ao menos em parte. Quando motivadas pelo amor ou por algum ideal elevado, conseguem desempenhar tarefas rotineiras durante todo o tempo que seja necessário: trocar fraldas, lavar roupas, preparar as refeições, ir e voltar ao lugar de trabalho, desempenhar tarefas repetitivas no escritório – todos os ciclos habituais do cumprimento do dever que caracterizam qualquer vida cotidiana normal. Submeter-se à rotina desta forma, por amor, exige coragem. (Quantos casamentos não se desfazem porque um dos cônjuges – ou os dois –, criado para enxergar a vida como uma sucessão de diversões, não é capaz de suportar uma rotina de vida normal?)

– As pessoas corajosas vivem de acordo com um princípio simples: «Se não me esforçar por controlar os acontecimentos, serão eles que me controlarão».

– As pessoas corajosas confiam de forma realista na sua capacidade de resolver problemas. Durante a sua educação, tiveram muitas ocasiões de superar dificuldades; em consequência, transformam habitualmente a ansiedade numa ação planejada. Não são nem ansiosas nem queixumentas, mas gente que faz acontecer.

– As pessoas corajosas consideram a fuga como algo indigno delas, até desonroso. Não se deixam abater pelo medo. Embora possam ficar atemorizadas em situações duras, não permitem que o temor as paralise. A coragem é a capacidade de agir mesmo quando se tem medo.

– As pessoas corajosas não «tiram o ombro». Continuam a tentar mesmo quando os outros já desistiram há muito tempo. Diante de um desafio, não se contentam com fazer uma ou duas tentativas, mas fazem cinco, dez ou vinte, ou mais ainda. Neste sentido, as pessoas corajosas às vezes parecem «pouco razoáveis». Como disse alguém, as maiores realizações da humanidade foram levadas a cabo por pessoas «pouco razoáveis».

Como ensinar a fortaleza

Tal como ocorre com a virtude da responsabilidade, um elogio honesto também faz maravilhas para construir a perseverança confiante numa criança. Num sentido muito real, *as crianças constroem a sua autoconfiança sadia sobre o fundamento da confiança que os pais depositam nelas.* Os filhos percebem de alguma forma que os pais esperam muito deles, que depositam grandes esperanças nas suas forças crescentes, e pouco a pouco põem-se à altura desses padrões.

Tenhamos sempre presente que, ou as crianças *crescem* até se ajustarem às nossas expectativas, se estas forem exigentes, ou *diminuem* até se nivelarem por elas, se forem medíocres. Os nossos filhos precisam ouvir uma e outra vez de nós: «Você é mais forte do que pensa... Eu sei que você não é um covarde... Confio em você... Orgulho-me de você». Isto aplica-se a todos os desafios que os jovens enfrentam em casa, na escola e nos esportes.

Os esportes são de enorme utilidade para ensinar aos filhos a força de vontade e a coragem pessoal. Por meio de um encorajamento persistente, pais, técnicos e professores ensinam os jovens a lidar com a dor e o desconforto físicos, com os fracassos e desapontamentos, com a tentação de desistir. A dinâmica dos esportes coletivos ensina-os a colaborar com os outros, a avaliar de forma realista as suas forças e as suas limitações e a apreciar o esforço dos outros.

Todos estes benefícios dependem de uma orientação adequada, como é evidente. Evitemos os técnicos, treinadores ou professores que tenham a mentalidade do «vencer a qualquer custo». *Vencer não é tudo.* Se o fosse, George Washington teria sido despedido depois da primeira batalha que perdeu na revolução americana, e São Paulo teria largado tudo depois do seu fracasso missionário em Atenas.

Esforçar-se honradamente por vencer, pôr os melhores esforços a serviço da equipe, dar o coração ao time mesmo quando se fica no banco de reservas, aprender com os erros e «dar a volta por cima» – *isso é que é tudo.* Isso é o que os bons técnicos valorizam. Com efeito, os melhores treinadores são os que se dedicam apaixonadamente a fortalecer o caráter dos seus jogadores.

Caso encontremos um técnico desses, deveríamos considerá-lo um grande amigo da família e um apoio sólido para os nossos esforços formativos em casa. Caso não o encontremos, talvez possamos ser nós mesmos esse treinador. O tempo e a energia que isso exigirá de nós representa, como é evidente, um sacrifício. Mas os nossos filhos só serão jovens uma única vez e lembrar-se-ão pelo resto da vida de tudo aquilo que lhes ensinamos com o nosso paciente treinamento. Vale a pena fazer o esforço.

Outra área para crescer em coragem é a resistência à pressão do ambiente e dos colegas, uma saudável indiferença quanto a ser «diferente». Os nossos filhos deveriam aprender uma lição muito importante enquanto ainda são jovens: «Todo o mundo faz» não é uma razão válida para se fazer seja o que for.

Embora um certo conformismo social seja necessário e normal, o conformismo em si mesmo não substitui a consciência. Na vida moral, quando se trata de fazer o bem e evitar o mal, o que os outros pensam não tem o menor valor. Pilatos sabia muito bem que Cristo era inocente, mas cedeu a uma opinião pública rancorosa e às ameaças contra o seu cargo. Pedro preferiu negar o Senhor a ficar mal diante de um grupinho de pessoas reunidas em torno de uma fogueira, e teve de passar o resto da vida arrependendo-se dessa covardia.

Um cristão consciencioso, numa sociedade materialista, sempre foi e sempre será pelo menos um pouco «diferente» dos outros. E isso exige coragem.

Quando os nossos filhos estiverem na adolescência, serão convidados a experimentar drogas. Não tenhamos dúvida: acontecerá. E quando acontecer, os nossos filhos precisarão de coragem para resistir. Precisarão de uma consciência – a voz de Deus que lhes fala através daquilo que nós lhes ensinamos – suficientemente forte para suportar qualquer coisa antes que ofender o seu Salvador e trair a confiança que depositamos neles.

Quando estiverem fora de casa, na Faculdade, podem ser os únicos estudantes da classe a levar uma vida casta, e é muito provável que sejam ridicularizados por isso. Poderão suportá-lo se tiverem convicções firmemente arraigadas sobre o que é viver corretamente, e uma saudável indiferença perante o conformismo errôneo. Um cristão tem de ter o coração limpo... e a pele grossa.

Portanto, uma boa máxima já para as crianças pequenas é: «Paus e pedras podem quebrar-me os ossos, mas palavras más nunca me atingirão».

Assim, quando os nossos filhos nos pedirem algum capricho (roupas de grife, brinquedos ou objetos que estão na moda) apenas porque «todo o mundo tem um», devemos responder-lhes que essa não é uma razão válida. Vale a pena que reflitamos pessoalmente acerca deste tema, para depois podermos liderar os filhos à hora de ponderar os méritos da coisa desejada: Será que eles realmente *precisam* dela? Para quê? Que acontecerá se não a tiverem? De onde nasce a resposta que dão a essa pergunta?: de um simples desejo ou de uma realidade? A coisa realmente vale o que custa? (A maior parte dos caprichos, evidentemente, custa muito mais do que seria razoável). Que acontecerá se esperarmos umas poucas semanas antes de comprá-la?

Como é óbvio, nesta matéria não há regras inflexíveis. Comprar algumas roupas e brinquedos que estão *in* (caso possamos permitir-nos esse luxo), em si mesmo não prejudica os filhos. O que conta é a sua capacidade de *raciocinar*. Podemos comprar coisas que estão na moda por inúmeras razões – porque temos necessidade delas, porque são de boa qualidade ou estão com um preço bom, por exemplo –, mas não imediatamente e não para seguir cegamente a multidão.

Via de regra, é muito bom fazer os filhos *esperarem* antes de ganhar coisas, e, se possível, *merecê-las*. Desta forma, as crianças aprendem o verdadeiro valor do dinheiro. Uma família saudável evita as compras por impulso. Ocasionalmente, podemos e devemos gastar dinheiro com um ingrediente especial na comida, um bom cinema, um jantar num restaurante e coisas do estilo. O que importa é fazê-lo para agradar à família ou aos hóspedes; em todas as outras despesas, o melhor é fazer as crianças esperarem. (Quem sabe? Como hoje em dia a maior parte dos caprichos que estão na moda tem o tempo de vida de uma mosca de frutas, podemos muito bem esperar até que essas coisas tenham passado a fazer parte da História. Também isto seria uma boa lição para os filhos).

Domínio de si

Infelizmente, a palavra «temperança» vem sofrendo uma forte perseguição nos dias que correm. Tem o que se chama «uma má imprensa». É uma pena, porque esta virtude está entre as que mais admiramos nas pessoas: caracteriza os grandes líderes e os bons amigos.

Temperança significa *domínio de si*, um controle habitual sobre os nossos apetites e paixões inferiores, incluída a nossa tendência à preguiça, à autocomplacência e à relutância em cumprir os deveres próprios. Neste sentido, está intimamente associada à virtude da fortaleza.

Poderíamos dizer, a traços largos, que os jovens são «temperados» da mesma forma que o ferro é temperado, e pelas mesmas razões. O ferro fundido é submetido a altas pressões e temperaturas – a adversidades propositadas –, a fim de poder ser moldado num instrumento forte e flexível, capaz de prestar um serviço eficaz.

Relacionado com este primeiro sentido, a temperança tem – felizmente – um segundo: significa também desfrutar com moderação, isto é, nunca em excesso, das coisas boas da vida. Significa viver a vida de uma forma tão rica e bela como Deus pretendia quando nos criou.

Todos somos capazes de reconhecer uma pessoa temperada quando a encontramos, porque é um excelente amigo. É muito bom conversar e viver com pessoas assim.

– As pessoas temperadas desfrutam com uma moderação balanceada de todas as boas coisas da vida. Gostam de comida, de bebida, do entretenimento, do lazer, e igualmente do trabalho. São pessoas confiantes, de forma que não têm necessidade de nenhum excesso. (As pessoas que comem demais costumam ser dependentes de algum prazer; outras trabalham em excesso por um medo irracional de fracassar; seja como for, num caso como no outro, costumam ser pessoas inseguras).

– As pessoas temperadas sabem dizer «não» a si mesmas, ou pelo menos «mais tarde». Têm paciência consigo mesmas e com os outros. Conseguem adiar a satisfação dos seus desejos por todo o tempo que seja necessário, e podem usar os bens desfrutáveis ou prescindir inteiramente deles. Numa festa, são capazes de ficar com o mesmo copo na mão durante a noite inteira. Nas refeições, dão o melhor que têm aos hóspedes. No escritório, trabalham o dia inteiro sem pausas, e depois saem e voltam para casa num horário razoável. São capazes de deixar o jornal de lado para ajudar os filhos nas lições de casa. Esperam as recompensas devidas pelos seus esforços, mas sabem que antes devem merecê-las.

– As pessoas temperadas concentram-se nas suas tarefas. Praticam a capacidade de trabalhar com rapidez, mas sem pressas, e cuidadosamente, mas sem perder o tempo. Marcam metas para si mesmas e cumprem-nas. Consideram o tempo um recurso que devem aproveitar, não uma espécie de elemento passivo que flui sem direção nem medida.

– As pessoas temperadas são bons chefes, pois costumam dizer o que têm para dizer, sem no entanto serem mal-educadas e agressivas. Orientam os subordinados, sem se limitarem a dar-lhes ordens. Levam a sério as suas responsabilidades, mas ao mesmo tempo são bem-humoradas e desfrutam quando têm ocasião de dar uma boa risada. Como líderes confiantes, têm seguidores devotados: em geral, os outros gostam de trabalhar com elas.

– As pessoas temperadas consideram os seres humanos mais importantes do que as coisas. (As pessoas inseguras fazem o contrário). Quando se divertem – nos esportes, nos jogos, etc. –, a sua alegria deriva da companhia que têm, das pessoas com quem estão, não das atividades em si mesmas. A sua maior alegria é poderem alegrar os outros.

– As pessoas temperadas não usam de um linguajar rude, porque sabem que isso é um tipo de autocomplacência impulsiva e mostra falta de respeito pelos outros.

– As pessoas temperadas habitualmente tratam a todos cortesmente, mesmo quando são provocadas. Não se irritam com facilidade, perdoam rapidamente e esquecem. Nunca se dedicam a alimentar ressentimentos.

Numa palavra, as pessoas temperadas têm «classe». O seu relacionamento com os outros distingue-se pela boa educação, por um sadio respeito por si mesmas, por uma preocupação ativa pela dignidade e pelas necessidades dos outros, e por um espírito de serviço ativo. Por todos estes traços, merecem a estima dos amigos e até o respeito dos adversários, muitas vezes concedido a contragosto. Os outros confiam nelas e nos seus conselhos. Em consequência, muitas vezes são promovidas ou eleitas para posições de responsabilidade. São líderes.

Queira Deus conceder-nos a alegria de ver os nossos filhos crescerem desta forma.

O corpo

Antes de vermos como os pais bem-sucedidos ensinam a temperança em casa, é necessário considerarmos um tema importante: a influência da química corporal sobre as emoções infantis.

Tal como os adultos, as crianças não são espíritos desencarnados. Têm um corpo físico fortemente influenciado pela bioquímica. Mudanças de humor e manias, medos irracionais e agressividade, preguiça e melancolia aparentemente desprovidas de causa – são todos estados emocionais que podem derivar em ampla medida das complexas interações entre o cérebro e as glândulas.

Os especialistas afirmam que, entre os dois e os cinco anos, ocorre um período de rápido crescimento e desenvolvimento corporal caracterizado por uma intensa atividade bioquímica. As mesmas substâncias que causam as mudanças corporais também afetam as emoções da criança, muitas vezes de forma dramática e desagradável. Essa dinâmica, essencialmente fora do controle dos pais ou de qualquer pessoa, responde em boa medida pelo comportamento quase lunático que algumas crianças pequenas às vezes demonstram. (Aliás, o mesmo fenômeno reaparece no começo da adolescência, em que o corpo também sofre um desenvolvimento extremamente rápido).

Pais que têm consciência dessa situação concentram-se na saúde corporal do filho pequeno. As crianças precisam de um regime nutritivo, não de refrigerantes e de hambúrgueres. Precisam de muito exercício saudável, não de uma atitude de transe diante da televisão. Precisam de muito sono porque, ao que parece, boa parte do desenvolvimento corporal ocorre durante o sono, e a falta de sono torna as crianças irritadiças. (E os adultos igualmente. Muitas fricções na vida familiar moderna podem ser diagnosticadas como falta de exercício e de sono).

Além disso, como herdamos os nossos corpos dos antepassados, algumas crianças herdam problemas genéticos juntamente com a sua bioquímica. Podem ser excessivamente sensíveis ao açúcar, por exemplo. Doces, refrigerantes e outras comidas açucaradas podem agir sobre elas como drogas psicoativas, levando-as a oscilar entre um entusiasmo agressivo e uma triste irritabilidade, dificultando-lhes a concentração.

Os pais que enfrentam semelhante tipo de situação deveriam solicitar orientação médica. Isto é especialmente importante se um dos cônjuges tem um histórico familiar de dependência de drogas: alcoolismo, fumo pesado, consumo excessivo e compulsivo de cafeína ou dependência de drogas. A ciência médica tem hoje uma certeza razoável de que o comportamento dependente tem algum tipo de base genética. Muitas «crianças-problema» podem sofrer de disfunções médicas não detectadas nem diagnosticadas. Os seus problemas de origem genética podem tornar-se drasticamente piores se a vida familiar for habitualmente desmazelada, não estruturada, dominada pela autoindulgência e pela estimulação sensorial induzida pela TV.

Seja como for, todas as crianças beneficiam-se com hábitos saudáveis de autodomínio corporal. Manter a televisão sob controle permite-lhes fazer mais exercícios e dedicar mais tempo ao sono restaurador. Dizer «não» aos lanches entre as refeições leva-as a ter mais apetite e a comer mais comida nutritiva. O equilíbrio entre o trabalho, a brincadeira e o sono ajuda-as a ter mais equanimidade e paz interior. A temperança significa em ampla medida o controle do próprio corpo, e isto começa quando as crianças são pequenas.

Um parêntese relacionado com o que acabamos de ver: se estivermos nervosos e exaustos pelo meio da manhã, ou em algum outro momento do dia, e repararmos que temos reações excessivas diante das travessuras dos filhos, convém que façamos um exame sobre a quantidade de cafeína que ingerimos. Duas ou três taças de café durante o café da manhã ou o lanche talvez sejam a causa de algumas das nossas discussões. São necessárias duas pessoas para brigar, e metade da culpa – ou mais – talvez seja nossa. Reduzamos a cafeína ou eliminemo-la por algumas semanas e vejamos o que acontece. Muitos pais tentaram-no e experimentaram uma melhora significativa. A temperança, como a caridade, começa em casa.

Liderança na temperança

Vejamos agora como é que os pais eficazes ensinam aos filhos a virtude da temperança. Alguns dos itens que mencionaremos já foram estudados quando falamos das outras virtudes.

«Administração eficaz do tempo» é outro nome para o autodomínio. Um lar temperado é um lar estruturado. Os pais estabelecem horários regulares para a hora de acordar, as refeições, o esporte e o lazer, os trabalhos de casa e a hora de ir para a cama. As crianças têm de saber em cada momento do dia em que coisas devem estar ocupadas. O controle do horário familiar e das regras faz com que se sintam seguras e, em consequência, confiem em nós como líderes competentes.

Como é evidente, de vez em quando oferecerão resistência à nossa orientação. Tentarão tomar o controle: dirão que preferem assistir à televisão a fazer as suas tarefas ou lições, quererão ficar acordadas além da hora de dormir, deixarão os brinquedos espalhados por toda a parte, pretenderão ficar na cama até tarde ou assistir a desenhos estúpidos no sábado de manhã. Não podemos deixar que o façam. *Não podemos aceitar o seu «não», mas elas têm de aceitar o nosso.* Uma paternidade eficaz é, em ampla medida, a capacidade de resistir à resistência dos filhos até que eles acabem por submeter-se à nossa liderança amorosa.

Levar as crianças a viver de acordo com as regras da casa conduz naturalmente à prática do autodomínio. Não permitir brigas durante o jantar ensina o autocontrole. O mesmo se aplica aos limites no tempo das conversas por telefone. Algumas famílias costumam também ter uma «caixa de tarefas», uma caixa ou jarra onde se depositam uns pedaços de papel em que se anotaram tarefas ou reparos necessários para a boa conservação da casa. Qualquer criança que se queixe de tédio é levada à caixa de tarefas: pega três tarefas, escolhe uma, e depois vai realizá-la. As famílias que têm esse costume quase nunca ouvem os filhos queixar-se de tédio, de «não terem nada para fazer».

Outra maneira de equacionar a questão: o tédio quase sempre nasce da estagnação, isto é, de determinada capacidade da mente ou do corpo que não enfrenta desafios nem é exercitada. Os adultos fisicamente ativos sentem-se entediados com trabalhos sedentários. As pessoas imaginativas e artísticas são torturadas lentamente por uma rotina cansativa. As pessoas socialmente ativas enlanguescem quando sozinhas. Sofrer de tédio é ouvir a voz de alguma das nossas capacidades que nos pede: «Ponha-me a trabalhar!»

Uma das coisas de que as crianças menos precisam na vida familiar é da falta de tarefas a realizar, muitas vezes justificada como «lazer prolongado». Precisam de uma recreação saudável de tempos a tempos, como qualquer pessoa, porque o lazer tem um propósito: «recriar» as nossas energias, restaurar a saúde de que temos necessidade para continuar a viver. A ausência de tarefas e o lazer prolongado não preenchem essa função. São fugas do tédio, não descanso do trabalho, e levam os filhos a considerar o tempo como um inimigo, ao invés de um recurso. As pessoas criadas com essa mentalidade vivem demasiado num eterno «agora»: precisam de sensações agradáveis e esperam recebê-las a todo o instante.

As crianças têm de aprender a administrar o tempo e a controlar os seus próprios assuntos. Portanto, à medida que os nossos filhos se aproximam da adolescência, entre os onze e os treze anos, deveriam aprender a usar uma agenda. Convém que tenham um caderno com as datas de provas e trabalhos escolares, compromissos e outros deveres com data marcada. Nós deveríamos controlar até que ponto o fazem eficazmente. A habilidade de planejar-se e de cumprir prazos é um sinal de maturidade. Ter domínio de si significa, entre outras coisas, controlar o tempo de que se dispõe.

Também significa controlar as finanças. Uma das principais causas dos excessos que pode haver na vida de algumas crianças mais crescidas e de alguns adolescentes é que têm dinheiro demais. Podemos ajudar os filhos a viver temperadamente levando-os a viver com quantias razoáveis, isto é, dar-lhes o dinheiro suficiente para cobrirem as necessidades da semana – passagens de ônibus, gastos na escola, refrigerantes com os amigos depois do esporte – mais um pequeno extra, digamos de 15%. Se tiverem necessidade de dinheiro para uma compra maior, é bom que o venham pedir, pois será a ocasião de discutir se realmente convém fazer essa despesa ou não.

Devemos dar-lhes uma mesada regular? Não há resposta pronta para esta pergunta. Alguns pais preferem dar uma quantia fixa semanal e fazer com que os filhos controlem as suas despesas; outros preferem que venham pedir o dinheiro quando precisarem dele. Ambos os métodos parecem funcionar bem, dependendo do temperamento dos pais e das suas dificuldades de tempo.

A ideia central é manter o dinheiro disponível no nível mínimo. Isto evita que as crianças transformem meros desejos e caprichos em necessidades. A nossa sociedade tem um número excessivo de adultos imaturos retidos numa adolescência permanente, pessoas que tratam toda a sua renda como «dinheiro para gastar». Os nossos filhos não deveriam crescer dessa forma.

Diversão e amizade

Até agora, a maior parte do que vimos sobre a temperança esteve centrado em questões negativas, em pôr limites às tendências infantis para o excesso. Isto é necessário. Mas, como é evidente, a temperança também significa diversão. Significa um prazer saudável.

Dom Bosco, o santo educador que se tornou padroeiro da juventude, costumava dar um excelente conselho aos jovens que lhe estavam confiados: «Permaneça sempre em estado de graça... e desfrute da vida quanto puder». Ninguém desfruta mais da vida do que um santo, e ninguém se mostra melhor amigo.

Ensinemos os filhos a desfrutar da vida, mas nunca a ponto de ofenderem a Deus e os outros. Levemo-los a ver que todas as coisas boas da vida – boa comida e bebida, filmes e programas de qualidade, esporte e recreação, um trabalho desafiador, até uma noite de bom sono – são dons de Deus. Alegremo-nos de ver os nossos filhos contentes, como o fazem todos os bons pais.

Deus projetou a natureza humana de tal forma que a moderação – o ponto certo entre dois extremos – traz o máximo de prazer. Uma comida insuficiente torna-nos famintos e irritadiços; comida em excesso torna-nos inflados e preguiçosos. Trabalho insuficiente deixa-nos entediados; trabalho em excesso deixa-nos exaustos. Ler e observar pouco torna-nos tolos; ler e observar em excesso faz com que negligenciemos o exercício corporal. Um esporte insuficiente torna-nos moles e lentos; um esporte em excesso leva-nos a negligenciar a nossa mente e os nossos deveres. Todos estes bens trazem-nos mais alegria quando desfrutamos deles como Deus pretende: na medida exata.

Os filhos têm de ver que vivemos de acordo com este padrão. Comida e bebida especiais, esportes e jogos, churrascos e festas – tudo isso deveria ser uma parte da vida familiar, em equilíbrio com as responsabilidades familiares.

A recreação deveria servir para retemperar as nossas forças, não para exauri-las: reenergizamo-nos para enfrentar melhor os nossos deveres. O lazer é o tempero da vida, não o prato principal. Temos de decidir com o nosso cônjuge quanto lazer é necessário, porque não há padrões fixos. Há algumas pistas, porém, de que as coisas estão indo longe demais e precisam ser reduzidas ou cortadas drasticamente. Por exemplo, quando:

– as crianças se estão tornando moles e gordas pelo excesso de comida fora de horas e de inércia sedentária;

– as tarefas domésticas e as lições de casa são negligenciadas por falta de tempo ou de energia;

– a mãe está esgotada de tanto levar e trazer as crianças para as suas atividades;

– a conversa dos filhos está centrada em *shows* e celebridades, modas e objetos; as crianças falam como autênticos aprendizes de consumidores;

– as crianças estão esgotadas com tanto esporte, ao invés de ficarem bem dispostas;

– a música afoga ou substitui a conversa familiar;

– o ruído de fundo dos *videogames*, da televisão e da música se torna uma distração irritante;

– os filhos mais velhos raramente fazem planos para mais do que um ou dois dias.

Uma boa regra para os pais é que, se perceberem intuitivamente que determinada atividade passou dos limites, é porque muito provavelmente já passou mesmo. Se começar a incomodar, mesmo vagamente, é porque muito provavelmente está fora de controle. É hora de agir: trata-se de reduzi-la ou encerrá-la.

Quando se desfruta do lazer familiar com moderação, dá-se-lhe muito mais valor. Uma certa raridade torna tudo mais valioso, quer se trate de ouro, de selos ou de moedas – ou de *shows* na TV, de futebol, de lanches ou de dinheiro.

Não há família que não tenha necessidade de um descanso de tempos a tempos. Isto aplica-se a qualquer grupo que se disponha a realizar alguma coisa de sério. Também Cristo viveu essa praxe de bom senso: numa cena do Evangelho, como certamente nos lembraremos, os discípulos estavam tão ocupados indo e vindo que quase não tinham tempo para comer. O Salvador disse-lhes então: *«Vinde, vós sozinhos, retiremo-nos a um lugar deserto para que descanseis um pouco»* (Mc 6, 31). Com efeito, devemos saber dizer: «Vamos deixar tudo de lado. Precisamos de uma pausa».

Noutras palavras, existe uma «perda de tempo» legítima. Um bom líder – portanto, todos os bons pais – tem de saber quando e como fazer exceções razoáveis. Uns momentos de distensão ocasionais e espontâneos na vida familiar são algo necessário, e unem mais intimamente todos os membros da família.

E isto conduz-nos a uma das lições mais cruciais que temos de ensinar aos filhos: a importância dos amigos.

A temperança está centrada essencialmente no bem-estar das outras pessoas, não no nosso. Uma pessoa que tenha senhorio de si está voltada para os outros. É preciso que os nossos filhos o percebam pelo modo como tratamos a nossa família e os amigos.

Por exemplo, não costumamos dizer aos amigos: «Vamos sentar e conversar», mas dizemos: «Vamos tomar um café, ou um refrigerante, ou uma cerveja». A bebida em si mesma pouco importa; o que conta é o tempo que gastamos compartilhando umas boas risadas com um amigo. Quando marido e mulher compartilham um aperitivo antes do jantar, o que conta é que o compartilham, não aquilo que tomam.

Deveríamos saber sair da rotina doméstica para receber os amigos em casa. As crianças aprenderão muito. Aprenderão, pelos olhos, como ser um bom anfitrião – isto é, como esforçar-se por agradar aos amigos. Verão como as boas amizades nos trazem, durante toda a vida, algumas das alegrias e da capacidade de rir que tínhamos na infância. A amizade profunda mantém-nos jovens de espírito, pouco importando a idade.

As crianças também aprenderão – especialmente se lho explicarmos – que a autêntica amizade está baseada no respeito. Os bons amigos respeitam-se mutuamente e orgulham-se um do outro. (Uma «amizade» em que faltasse esse respeito seria mera familiaridade, e a familiaridade gera desprezo). Os amigos não se limitam a compartilhar diversões: compartilham a confiança mútua e o coração.

Um dos resultados colaterais de recebermos os amigos em casa é que os nossos filhos verão outros adultos que nos respeitam a *nós*. A estima evidente que os nossos amigos sentem por nós fortalece o orgulho que os nossos filhos têm de nós, e isto, por sua vez, ajuda muito a aumentar a nossa eficácia como pais.

* * *

Em resumo, a nossa tarefa ao ensinarmos todas as virtudes que comentamos atrás é criar uma sadia autoconfiança nos filhos.

A confiança deriva de conhecermos a *verdade* acerca de nós mesmos. Conhecemos os nossos defeitos, as nossas qualidades e as nossas possibilidades potenciais – e conhecemos essas verdades a partir da nossa experiência vital. Além disso, sabemos que Deus não nos nega a sua ajuda onipotente quando necessitamos dela para ultrapassar as nossas limitações. *O Senhor é a minha luz e a minha salvação, a quem temerei? O Senhor é o protetor da minha vida, de quem terei medo?* (SI 27, 1-2).

Mas a confiança deriva também do *amor*. As crianças cercadas de um amor familiar firme e sacrificado tornam-se homens e mulheres autoconfiantes, pois o amor fortalece tudo o que há de bom nas nossas vidas.

Amor a Jesus Cristo

O amor é a corda de salvação que tirará do abismo os nossos filhos. O amor de Deus pela nossa família, o nosso amor por Ele e pelo nosso cônjuge e filhos, o amor dos filhos pela família e por Deus – essa corda, trançada com todos esses amores unidos, estender-se-á por toda a existência dos nossos filhos e, com a ajuda de Deus, levá-los-á a viver honradamente, a voltar sempre o coração para Deus e a conquistar a vida eterna.

A missão divina que o Senhor nos confiou consiste em comunicar aos filhos um amor a Deus que perdurará ao longo de toda a sua vida. Deus concedeu-nos cada um deles com uma finalidade muito simples: a de o conduzirmos para Ele – agora e mais tarde e sempre – através da vida familiar. Ele haverá de pedir-nos contas sobre o modo como cumprimos esta missão.

Reflitamos sobre isto sempre que entrarmos na ponta dos pés no quarto dos filhos à noite e os observarmos enquanto dormem: no futuro, no momento em que finalmente fecharem os olhos para abri-los na eternidade, terão tanta amizade com Deus como têm agora? Tendo vivido durante toda a vida para agradar a Deus, como aprenderam a fazer na infância, acabarão por olhá-lo face a face e receberão o seu abraço amoroso para sempre?

Este pensamento deveria servir-nos de estímulo para nós mesmos nos fortalecermos e nos superarmos perante qualquer adversidade. Deus pede-nos que vivamos como santos, que atinjamos as alturas da santidade, para assim conduzirmos os filhos a uma vida virtuosa e, mais tarde, à vida eterna.

A formação religiosa dos filhos não pode consistir numa meia dúzia de práticas de piedade superficiais, inseridas como um corpo estranho na vida familiar. Essas práticas também não podem ser um «extra», uma coisa que ajuda, mas não é essencial. E tampouco podem ser uma capa protetora que se usa em tempos difíceis e depois se deixa de lado, como se fosse um sobretudo ou um guarda-chuva.

Se os nossos filhos adotarem semelhante atitude distorcida, encarando a vida de fé como um conjunto de práticas superficiais rotineiras, é muito provável (se não certo) que acabem por deixar a religião para trás. Ao crescerem, abandonarão Deus e a sua Igreja juntamente com os brinquedos, as bonecas e o Papai Noel. Só um amor, profundo e pessoal, por Deus – por Deus amado integralmente na família, por Deus que está vivo no coração dos pais – perdurará neles durante toda a vida e será capaz de orientá-los corretamente no seu caminho.

O que significa esta missão vocacional para nós?

AMOR A JESUS CRISTO 139

Significa que temos de lutar por *conhecer a Deus pessoalmente*, por vê-lo vividamente tal como é: uma Pessoa com inteligência, coração e vontade, o nosso Pai amoroso e todo-poderoso, o maior dos amigos, o único Amigo que nunca nos abandonará, nem a nós, nem à nossa família. Os nossos filhos não conhecerão realmente a Deus desta forma se tudo o que virem se limitar a umas estatuetas de gesso ou de vidro tingido. Só chegarão a conhecê-lo mais profundamente a partir daquilo que nós lhes ensinarmos com a nossa vida. Acabarão por compartilhar a nossa visão do Senhor como uma pessoa real, viva e amorosa, ou então não terão ideia nenhuma dEle.

Em consequência, temos de esforçar-nos por *amar a Deus pessoalmente*, por amá-lo com o mesmo calor que dedicamos aos outros grandes amores da nossa vida. Começamos este esforço quando compreendemos bem a realidade central e arrebatadora da nossa fé: que Deus nos ama a cada um de nós infinitamente – com muito mais paixão, ternura e dedicação sacrificada do que a mãe mais amorosa pode ter pelo seu filho. Aqui na terra, todos podemos suportar qualquer coisa se soubermos que alguém, em algum lugar, é louco por nós e nos ama absolutamente, aconteça o que acontecer. A força motora da vida cristã, o segredo da santidade de todos os santos, consiste em saber que Deus nos ama a cada um de nós desta forma, e que por sua vez anseia que o amemos na mesma medida.

O amor conduz ao serviço. Por conseguinte, temos de esforçar-nos por *servir a Deus também pessoalmente*:

ali onde Ele nos colocou, entre os nossos familiares e amigos, e entre essas outras pessoas (talvez ainda desconhecidas para nós) cujas vidas hão de cruzar-se com a nossa, de acordo com o plano divino. Servimos o Senhor servindo essas pessoas. Usamos as capacidades que Ele nos deu e dirigimo-las para as necessidades dos outros. Temos pessoas à nossa volta que necessitam de ajuda e de encorajamento, e é isto o que lhes oferecemos através da nossa amizade. Outras talvez sintam o peso de uma vida de esforços sem sentido, e nós lhes ensinamos, com o exemplo da nossa vida, o segredo cristão da felicidade. Todo o mundo tem necessidade premente de encontrar a Deus. Os nossos amigos haverão de encontrá-lo nos nossos olhos confiantes, nas palavras que nos saem do coração, nas nossas obras de serviço. Este é o nosso apostolado.

Também os nossos filhos se apaixonarão por Jesus Cristo, pela vida inteira, se o encontrarem em nós: nos nossos olhos, nas nossas palavras, na forma como o servimos nos incontáveis detalhes da vida familiar. Cristo será real para eles quando estiver vivo no nosso coração.

O rosto de Jesus

Não é possível exagerar a importância desta dimensão *pessoal* do amor a Deus. Se pretendemos conduzir os nossos filhos até o Senhor, devemos ter muito presente que eles não podem amar e servir realmente uma abstração sem rosto.

AMOR A JESUS CRISTO

Portanto, temos de levar os filhos a ter uma imagem viva do rosto de Jesus: a contemplar a sua sagrada Humanidade tal como era e é, a expressão dos seus olhos quando se volta para nós, o rosto com que se apresenta ao conversarmos com Ele na oração, a expressão com que nos receberá, cheio de alegria, no momento da nossa morte.

Ouçamos o que o Papa João Paulo II diz aos jovens (entre os quais se incluem os nossos filhos, mas também nós mesmos): «Cristo não é uma ideia, um sentimento, uma memória! Cristo é uma *pessoa*, sempre viva e presente ao nosso lado! Este é o significado da educação, este é o sentido da vida: conhecer Cristo. A aventura mais bela e comovente que pode acontecer conosco é o encontro pessoal com Cristo [...]. Tenho a esperança de que [...] experimentareis o que o Evangelho quer dizer ao afirmar: *Cristo olhou-o e amou-o* (Mt 10, 21). Possais vós experimentar um olhar como esse! Possais vós experimentar a verdade de que Ele, Cristo, vos olha com amor!»

Como o Santo Padre sugere, encontraremos Cristo em primeiro lugar nos Evangelhos. O Senhor torna-se pessoalmente vivo para nós quando lemos as Sagradas Escrituras. Nas narrativas dos Evangelistas, poderemos vê-lo como outros o viram: descobriremos o seu rosto.

Pode ser que estas considerações nos levem a fazer alguns propósitos, a tomar algumas resoluções práticas que integremos na nossa vida de pais. Uma das mais importantes, pois emprestará vigor às outras, é *ler todos os dias o Novo Testamento*, mesmo que seja apenas por uns poucos minutos.

Devemos lê-lo cuidadosa e lentamente, como uma *carta de amor*, porque é precisamente o que é. Cada frase da narrativa, cada palavra da boca de Cristo, cada descrição do seu relacionamento com aqueles que o cercam, as reações que provoca na multidão – todos esses detalhes cheios de matizes farão Cristo aparecer vivo diante de nós, alguém tão pessoalmente presente como o nosso consorte ou filhos. Esta tem sido a experiência coletiva da Igreja ao longo de dois mil anos.

Se nos acostumarmos a ler diariamente o Evangelho, os nossos filhos repararão nisso, e os mais velhos, se os encorajarmos, começarão a fazer o mesmo; talvez continuem com esse costume ao longo da vida inteira, ou, se o tiverem abandonado, é possível que venham a retomá-lo mais tarde, e isso pode ser decisivo para a sua salvação.

Quem busca Jesus jamais deixa de encontrá-lo. Quem tiver olhado para o seu rosto na sua infância, quem tiver chegado a amá-lo uma vez com o amor puro de uma criança, haverá de lembrar-se desse encontro pelo resto da vida. Os olhos de Cristo permanecerão gravados na sua memória mais íntima. Ao olhar o tabernáculo, verá o seu rosto a olhar para ele, o rosto que encontrou pela primeira vez nos Evangelhos.

Tal como muitos outros católicos, pode ser que consideremos mais fácil imaginar o rosto de Cristo se examinarmos as fotografias dos santos mais recentes. Desde a invenção da fotografia, podemos ver que aspecto tinham os santos na vida real. Por se terem identificado de todo o coração com Cristo, a sua expressão assemelha-se à dEle, especialmente nos olhos, que são a janela da alma.

AMOR A JESUS CRISTO

Observemos as fotografias de Dom Bosco, de Teresa do Menino Jesus, de São Pio X, de São Maximiliano Kolbe, do Padre Pio, de São Josemaria Escrivá ou de muitos outros santos dos tempos recentes... Embora completamente diferentes uns dos outros, todos têm um olhar muito semelhante. Certamente não será dizer demais afirmar que os seus olhos se assemelham aos de Cristo, que a sua aparência se assemelha à dEle. O que vemos no rosto dos santos é o que os discípulos viram quando Cristo andava entre eles.

E o que é que vemos nos olhos de um santo? Por que os olhos de Jesus impressionavam todos os que o viam?

Vemos um amor apaixonado. Os olhos de Cristo e dos santos são os olhos de pessoas profundamente apaixonadas. Esse tipo de olhar, podemos observá-lo nas mães e nos pais que têm nos braços o filho recém-nascido, nos casais de noivos que olham um para o outro, em amigos íntimos que se encontram depois de uma longa separação, em crianças pequenas que sorriem para os pais.

Vemos serenidade e uma profunda felicidade, pois o amor traz a paz interior e uma alegria confiante que nada pode abalar. Todos os santos vivem da melhor maneira possível, e as suas expressões o revelam.

Vemos sofrimento, também, pois o amor significa abnegação sacrificada. Mas o sofrimento abre caminho à felicidade, e chega mesmo a gerá-la.

Vemos bom humor, essa leveza de coração que as crianças conhecem, e a disposição de rir com facilidade. Nos olhos dos santos, vemos até uma espécie de riso irônico, como se estivessem silenciosamente compartilhando com Deus de uma espécie de enorme brincadeira cósmica compreensível apenas para os iniciados, pois a presença do Espírito Santo na alma transforma a vida numa enorme e divertidíssima aventura.

Quantas vezes pensamos em Cristo a rir, com o rosto radiante de bom humor? No entanto, Ele deve ter sido assim. O bom humor é um dos traços que mais admiramos nas pessoas, e Ele tinha todas as perfeições. Até onde sabemos, todos os santos da História tiveram bom humor; alguns, como Filipe Neri e Thomas More, chegaram a ser famosos por isso. Com certeza Cristo, o modelo de todos eles e a fonte da sua alegria, deve ter tido um bom humor fascinante. Quando os seus discípulos se reuniam em torno dEle, desfrutando da sua companhia (como sabemos que fizeram), com certeza que o som mais comum entre eles era o riso divertido.

Este é, pois, o rosto de Cristo tal como deveríamos vê-lo: cheio de amor apaixonado, de uma alegria profunda, de serenidade no meio do sofrimento, e de um cálido bom humor. Se imaginarmos o Senhor assim diante de nós, olhando para nós e a nossa família, as histórias que contarmos a seu respeito aos nossos filhos tornar-se-ão vivas.

Como vimos acima, as crianças adoram histórias, e deveríamos contar-lhes histórias de todo o tipo a fim de orientarmos bem as suas vidas. Os Evangelhos trazem as melhores histórias de todas. Quando tivermos lido as narrativas dos Evangelistas em profundidade e tivermos chegado a conhecer Cristo intimamente através das

AMOR A JESUS CRISTO 145

suas páginas, poderemos levar os nossos filhos pequenos a conhecê-lo e amá-lo como nós o fazemos, repro-
duzindo para eles esses relatos com palavras mais simples e acessíveis ao seu entendimento.

Poderemos contar-lhes a maravilhosa história da nossa salvação... Como Cristo agia, as coisas que disse e
fez, a aparência que tinha, o modo como amava e servia
a todos, o seu amor por nós nos sacramentos que insti-
tuiu, a solidão e o horror da sua Paixão, como Ele nos
legou a sua Igreja para ser a nossa família, o modo como
permanece para sempre conosco na Eucaristia.

Um dos traços mais belos das crianças (nos seus melhores momentos) é a inclinação que têm para a misericórdia, a terna piedade para com os aflitos. Preocupam-se
com animaizinhos feridos. Comovem-se com as lágrimas dos outros. Sentem tristeza ao verem pessoas trata-
das injustamente.

Levemo-las a contemplar o rosto de Cristo quando
o Salvador sofreu desapontamentos: como terá olhado
para o jovem rico que rejeitou o seu chamado e, mergu-
lhado no seu egoísmo, lhe voltou as costas? Depois de
explicar a Eucaristia aos discípulos, muitos deles o aban-
donaram; o Senhor voltou-se então para os seus Apóstolos e perguntou-lhes: *Também vós quereis ir-vos embora?*
(Jo 6, 67). Que expressão teria nesse momento? Quando
entregou o bocado de pão a Judas durante a Última
Ceia, como terá olhado para aquele que estava a ponto
de traí-lo? E quando Pedro o negou, diz-nos São Lucas,
o Senhor voltou-se e olhou para Pedro [...], *e Pedro saiu e*

146 JAMES B. STENSON

chorou amargamente (Lc 22, 61-62). Como foi esse olhar de Cristo? Como olha para nós quando *nós* o negamos?

Também devemos ajudar os filhos a ver Cristo movido de compaixão. Como olhava para os leprosos que pediam aos gritos a sua ajuda? Ou para os pais de coração partido que pediam que lhes curasse os filhos? Como seriam as lágrimas que caíam dos seus olhos quando se aproximou do túmulo de Lázaro, e quando chorou sobre Jerusalém, que não queria reconhecê-lo como Messias?

Como deve ter brilhado o seu rosto, profundamente comovido, ao ver a pobre viúva dar a sua última moeda a Deus, *tudo o que tinha para o seu sustento!* (Mc 12, 41-44) Porque ser «pobre em espírito» significa pôr *toda* a confiança em Deus.

Pintemos para os nossos pequenos a cena em que Bartimeu, o cego, pede a ajuda do Senhor aos brados, sem dar ouvidos à multidão que pretendia fazê-lo calar. Cristo chamou-o e perguntou-lhe o que queria, e Bartimeu respondeu-lhe: *Senhor, que eu veja!* No mesmo instante, Jesus devolveu-lhe a vista (cfr. Mc 10, 46-52). Pensemos na primeira experiência desse cego com a luz: o negrume em que tinha vivido ao longo da vida inteira rasgou-se como se fosse um véu, e os seus olhos puderam perceber pela primeira vez as formas, os movimentos e as cores. Mas a primeira coisa que viu foi o rosto de Jesus, que o olhava diretamente nos olhos. Que aspecto tinha o Senhor? Naquele momento deslumbrante, que pôde Bartimeu ver nos olhos e no sorriso do seu Salvador? Se conseguirmos imaginar esse mesmo rosto a olhar para nós, o nosso coração sentir-se-á movido a orar.

AMOR A JESUS CRISTO

Levemos os filhos a ver como Cristo recomendou aos discípulos, de muitas formas, que confiassem nEle. Falou das *aves do céu* e dos *lírios do campo* para nos ajudar a entender o amor de Deus por nós, a forma como cuida de nós como um bom Pai (cfr. Mt 6, 25-33). Repetiu uma e outra vez que devemos arrepender-nos dos nossos pecados e pedir-lhe ajuda, que Ele cuidará das nossas necessidades.

E, como é evidente, deveríamos levar os filhos a compadecer-se de Cristo na sua Sagrada Paixão. A Cruz foi causada pelo pecado dos homens, e aí se inclui cada um dos nossos pecados. Ele sofreu para nos libertar do pecado, para nos salvar da tristeza eterna do inferno.

Os nossos filhos deveriam formar uma imagem vívida da Paixão, que se fixará para sempre nas suas mentes e nas suas consciências. Ajudemo-los a sentir dor por Cristo, e em consequência dor pelos seus próprios pecados... Cristo foi traído por um dos seus Apóstolos escolhidos, um homem que tinha assistido aos seus milagres e ouvido os seus ensinamentos, mas que estava obcecado pelo orgulho e pela cobiça. No Horto das Oliveiras, o Senhor gemeu e chorou com o coração partido, sentindo sobre si o peso dos pecados do mundo. Os amigos abandonaram-no, deixaram-no só. Foi preso e levado a um tribunal, acusado mentirosa e injustamente. Bateram-lhe, cuspiram nele, arrancaram-lhe as vestes, flagelaram-no quase até à morte com açoites de pontas de ferro, coroaram-no de espinhos de forma que o seu rosto ficou coberto de sangue. As multidões gritaram-lhe e chamaram-lhe nomes feios enquanto carregava a cruz. Cravaram-lhe pregos nas mãos e nos pés, e Ele pendeu dessas feridas sobre a cruz até morrer em agonia. Os únicos seres amados ao seu lado eram a sua Mãe e São João, e umas poucas mulheres valentes.

Ensinemos aos nossos filhos que Cristo fez isso para nos salvar a cada um de nós, cada ser humano singularmente, um por um, incluído cada um da nossa família. Como Deus está acima do tempo, cada um dos nossos pecados cometidos hoje pesa sobre Ele na sua Paixão. Cada vez que ofendemos a Deus, *somos* uma das pessoas que o crucificaram. Mas Ele teve misericórdia de um daqueles que o prenderam, curando-lhe a orelha cortada. Perdoou aqueles que o crucificavam. Perdoou o ladrão arrependido que morreu com Ele. E perdoa--nos a nós se nos arrependemos dos nossos pecados e lhe pedimos perdão no sacramento da confissão.

Todos esses episódios concretos e pessoais da vida de Cristo deveriam levar os nossos filhos a enxergar o seu rosto compassivo diante deles, agora e durante o resto da sua existência. Uma vez que tenham aprendido a amá-lo, nunca mais o esquecerão. Se mais tarde tiverem de enfrentar tentações muito fortes, como adolescentes ou adultos, o que os ajudará a cair em si, o que os levará a resistir e os salvará serão duas lembranças muito vivas: o puro amor por Cristo que aprenderam como crianças, e a sua e nossa voz amorosa – a voz da consciência – que os dirigirá para o céu.

Vale a pena examinarmos um último episódio narrado pelos Evangelhos, uma cena que deve ser especialmente eloquente para nós, pais, e dar-nos esperança...

Umas mães procuravam aproximar-se de Cristo com os filhos, a fim de que Ele lhes impusesse as mãos e os abençoasse. Quando os Apóstolos tentaram retê--las, o Senhor recriminou-os severamente, dizendo-lhes que deixassem aquelas mulheres e crianças aproximar--se dEle.

Como terá Jesus olhado para essas mulheres valentes? Com afeição e gratidão, não há dúvida; mas, provavelmente, também com um sorriso, porque os seus discípulos tiveram com certeza sérias dificuldades na sua tentativa de afastar um grupo de mães determinadas. Essas mulheres, como todos os pais cristãos corajosos, estavam decididas a não deixar que nada nem ninguém as impedisse de levar os seus filhos ao Salvador (cfr. Lc 18, 15-17).

Oração mental pessoal

Também mostraremos Cristo aos nossos filhos se o buscarmos na oração pessoal.

Não me refiro à oração vocal, essas palavras que pronunciamos em voz alta ou lemos em algum texto. Refiro-me antes à oração silenciosa e interior dos cristãos que procuram conversar intimamente com Cristo.

Em resumo, trata-se de conseguir uns momentos – cerca de quinze a trinta minutos, ou o tempo de que possamos dispor – para falar com Deus e ouvi-lo, e assim chegar a conhecê-lo melhor e mostrar-lhe as nossas preocupações mais profundas. É falar com um Amigo caloroso e trocar ideias sobre coisas cotidianas. É gastar o nosso tempo na presença dAquele a quem amamos.

Onde fazê-lo? O melhor lugar, evidentemente, é diante do sacrário. É por isso que se reserva o Santíssimo Sacramento nas igrejas também fora da Missa, de forma que possamos a todo o momento adorar a Deus e conversar com Ele.

Mas também podemos orar em qualquer outro lugar em que não estejamos muito sujeitos a distrações. Pode ser até um quarto da nossa casa; o Senhor chegou mesmo a descrever essa situação: *Mas, quando fores orar, vai para o teu quarto e, fechando a porta, ora a teu Pai em segredo; e o teu Pai, que vê o que se passa em segredo, te recompensará* (Mt 6, 6).

Onde encontraremos nós, pais ocupados, o tempo necessário para fazer oração? A resposta é que, quando queremos fazer qualquer coisa de importante, achamos tempo para ela, de uma forma ou de outra. Todos nós *criamos* tempo para tudo aquilo a que damos valor, pouco importando quão ocupados estejamos. Sabemos disso por experiência própria. Mesmo pais muito ocupados têm tempo para conversar por telefone com os amigos, ler a página de esportes, andar ou correr regularmente, trabalhar no jardim, ou tantas outras coisas que enriquecem a vida de uma forma singela, mas significativa.

Tudo é uma questão de prioridades. O que vem antes do quê? Em que coisas pomos o nosso coração?

Podemos pensar assim: é comum que os pais mandem os filhos para a Universidade, em outra cidade, e depois fiquem à espera de uma carta ou telefonema. Esperam e esperam... Quanto mais esperam, mais lhes dói essa demora, e com toda a razão. Se o filho não escreve na primeira semana, será compreensível: as muitas atividades novas o impediram de escrever. Mas, se não escrever nem ligar durante três meses, já é doloroso e até insultuoso. Significa que cada coisa que o filho fez nesse período, por mais trivial que fosse, era mais importante para ele do que escrever para o pai e a mãe. Escrever ou telefonar ocupava o último lugar entre as suas prioridades.

O silêncio às vezes é uma ofensa. E dói.

Nós, como pais, compreendemos muito bem essa situação. Se um dos filhos nos tratasse assim, ignorando-nos, deixando de escrever ou telefonar-nos, seria profundamente doloroso. Não nos custa imaginar, por exemplo, o tom pungente com que Cristo recriminou Pedro e os outros Apóstolos no Horto de Getsêmani, quando teve de enfrentar sozinho a sua agonia: *Não pudestes vigiar uma hora comigo?* (Mt 26, 41).

Cristo faz a mesma pergunta a todos os cristãos, e entre eles a nós: «Não podes passar algum tempo comigo? Nem mesmo um pouco? Não compreendes quanto quero ouvir-te e estar contigo? Por que me ignoras?»

Dedicar uns minutos diários a uma conversa simples e amorosa com Deus é o mínimo que podemos fazer. Agrada a Cristo, e Ele o merece – assim como os pais merecem ter com frequência notícias dos seus filhos amados.

A oração pessoal é, num certo sentido, natural para qualquer cristão. A conversa é algo que se deveria esperar em qualquer amizade cálida, e este é o tipo de relação que deveríamos entabular com o nosso Salvador. É por isso que tantos milhares de pais cristãos dedicam nos nossos dias um certo tempo à oração mental cotidiana.

Como fazem os pais ocupados? Começam por marcar o tempo previsto no seu horário e fazem o melhor que podem para cumpri-lo; isto já é ter metade do problema resolvido. Levam consigo um exemplar do Evangelho ou de algum livro espiritual para o lugar que consideram mais adequado, por exemplo uma igreja próxima ou alguma parte silenciosa da casa, longe do telefone. Começam com uma oração vocal breve, como por exemplo a Ave-Maria, pedindo ajuda a Nossa Senhora para poderem falar naturalmente com Cristo, como Ela fazia em Nazaré. A seguir, passam a dialogar com Deus a propósito de qualquer assunto – porque Ele está interessado em tudo aquilo que nos diz respeito.

Podemos falar com Ele sobre a nossa família, sobre cada membro dela, um por um. Exprimir-lhe as nossas preocupações, as nossas esperanças..., perguntar-lhe o que nos aconselha..., deixar as nossas inquietações nas suas mãos onipotentes...

Podemos também percorrer os Evangelhos, procurando conhecer melhor a pessoa de Cristo, descobrir nas suas palavras alguma lição ou mensagem que nos tenha escapado até então. Lemos umas poucas linhas, um par de parágrafos, e a seguir deixamos o livro de lado

AMOR A JESUS CRISTO 153

e refletimos, conversamos com o Senhor sobre aquilo que lemos. Às vezes, quando lhe tivermos proposto um problema, encontraremos no Evangelho uma passagem que nos dá a solução que procurávamos. Deus responde-nos não apenas com alguma voz interior, mas também com aquilo que lemos na oração.

Noutras ocasiões, podemos tomar alguma outra obra de espiritualidade e usá-la da mesma forma. O Antigo Testamento está repleto de passagens inspiradoras e comoventes, especialmente em Isaías e nos Salmos. Os Salmos mostram-nos um amor apaixonado por Deus e uma confiança total no seu poder misericordioso. Muitos Salmos aplicam-se pungentemente aos pais. O rei Davi, como qualquer pai ou mãe cristãos, sentiu o peso da responsabilidade e voltou-se confiantemente para Deus pedindo-lhe ajuda*.

Também podemos encontrar alimento para a nossa oração na *Imitação de Cristo*, uma das grandes obras da espiritualidade cristã. Embora escrita sobretudo para os religiosos, é valiosa também para os leigos.

Como somos leigos, pais ocupados no meio do mundo, podemos encontrar o que buscamos nas palavras de São Josemaria Escrivá, o fundador do Opus Dei recentemente canonizado, que trabalhou sob a inspiração de Deus para ensinar aos homens e mulheres leigos, solteiros e casados, dedicados a todo o tipo de ocupação, como podiam encontrar Cristo e servi-lo na sua vida

---

(*) Cfr. 2 Sam 12, 1-25.

cotidiana. Diversas das suas obras – *Caminho, Forja, Sulco, Santo Rosário, Via Sacra* – foram escritas especificamente para ajudar os leigos, incluídos os pais, a fazer oração mental diária. Percorramos essas obras e vejamos por nós mesmos.

Consideremos, por exemplo, o que São Josemaria Escrivá nos diz acerca da oração mental pessoal: «Não sabes orar? – Põe-te na presença de Deus, e logo que começares a dizer: «Senhor, não sei fazer oração!...», podes ter certeza de que começaste a fazê-la»*. «Escreveste-me: «Orar é falar com Deus. Mas de quê?» – De quê? DEle e de ti: alegrias, tristezas, êxitos e fracassos, ambições nobres, preocupações diárias..., fraquezas!; e ações de graças e pedidos; e Amor e desagravo. – Em duas palavras: conhecê-lo e conhecer-te – ganhar intimidade!»**

Orar desta forma é tão fácil, tão simples na forma e na execução, que nos perguntamos por que relativamente poucos pais cristãos o fazem. A oração pessoal confere uma força enorme à vida familiar diária. Deus vem morar no coração dos pais e assim entra, misteriosamente, no coração dos filhos. Um pai que ora é confiante, nunca está só, nunca perde a esperança. Cristo está sempre ali, bem no meio da vida familiar, por assim dizer ao alcance da mão.

Se orarmos desta forma, os filhos evidentemente virão perguntar-nos o que fazemos. Poderemos então

---

(*) *Caminho*, n. 90.
(**) *Caminho*, n. 91.

explicar-lhes que estamos orando por cada um deles. E podemos pedir a cada um que faça o mesmo por nós. Os filhos mais velhos, especialmente, aprenderão a seguir o nosso exemplo, e esse hábito cotidiano pode durar toda a adolescência e toda a vida. Se virem o enorme valor que a oração tem para nós, procurarão seguir-nos. Serão homens e mulheres de oração.

Que presente melhor podemos dar aos filhos do que uma intimidade vitalícia com Jesus Cristo?

A Eucaristia

Se o sacrifício eucarístico estiver no centro da nossa vida, mudará a vida dos nossos filhos. Nenhuma oração é maior nem mais poderosa do que a Santa Missa, pois ela foi criada pelo próprio Cristo, e são as suas palavras que ressoam na oração da consagração. Cristo é simultaneamente o sacerdote e a vítima que se oferece sobre o altar.

Viver bem a Missa é elevar a Deus o coração, a mente e a vontade juntamente com Cristo. É oferecer-lhe todos os detalhes da nossa vida diária juntamente com o pão e o vinho. É reviver o sacrifício sangrento do Calvário, caminho para a vida eterna. É consumá-lo totalmente na comunhão, recebendo-o como alimento e vida dentro de nós. É tornarmo-nos um só com Ele, que se tornou um de nós e permanece conosco para sempre.

Se realmente vivermos a Missa desta forma, nas atitudes e nos afetos, na reverência e na participação, tornar-se-á parte da vida dos filhos enquanto eles viverem. Na adolescência ou no começo da maturidade, e especialmente quando fundarem as suas próprias famílias, enxergarão a Missa como um precioso legado familiar, um tesouro transmitido com lealdade sacrificada de geração em geração, até chegar a eles e aos seus filhos. Compreenderão que a Missa foi parte da vida da sua família por séculos, tão transmissora de vida como o sangue comum da família, e assim tem de continuar a ser.

Como todas as outras lições de vida, também esta deve ser ensinada pelo exemplo.

Vistamo-nos bem para a Missa, e levemos as crianças a fazer o mesmo. Se nos vestimos bem para receber uma visita ou um hóspede, deveríamos vestir-nos ainda melhor para receber Cristo. Ele é o nosso principal Hóspede, e merece ser mais honrado do que qualquer outro.

Lembremo-nos de que os nossos filhos nos observam durante a Missa, mesmo quando não reparamos no seu olhar. São capazes de ler tudo no nosso rosto. Sabem perfeitamente se estamos atentos ou entediados, orando ou distraídos, contentes por estarmos ali ou desejosos de que o sacerdote se apresse e «termine logo com isso». Os nossos olhos estão fixos no altar ou... no relógio de pulso? As crianças percebem muito bem as nossas atitudes, e não perdem nada.

Portanto, deixemo-las observar o nosso comportamento durante a Missa: a nossa atenção ao que está ocorrendo, a nossa voz nas orações dialogadas e no canto, as nossas orações silenciosas (por eles) durante o ofertório, a nossa reverência diante da Sagrada Hóstia elevada durante a consagração, a nossa recepção amorosa da comunhão... A nossa postura na Missa, os nossos gestos de culto vindos do coração, até o aspecto do nosso rosto – tudo isso transmitirá aos nossos filhos o que a Missa significa para nós. É disso que se lembrarão.

E lembrar-se-ão com mais viveza se assistirmos à Missa e recebermos a Eucaristia durante a semana. Trata-se de um costume que exige um certo sacrifício, pois pode complicar um pouco a vida familiar; mas, em sentido mais amplo, também a simplifica, porque lhe imprime um senso de prioridades mais objetivo: Deus vem em primeiro lugar, todos os dias. A graça de Cristo e da comunhão diária traz uma paz mais profunda, dá-nos mais paciência para com todos e faz o caráter dos filhos amadurecer com mais profundidade. Há algo de especial, algo de espiritualmente atrativo nas crianças cujos pais recebem Cristo todos os dias.

Contemos aos filhos que rezamos por eles durante a Missa. Quando se oferecem o pão e o vinho a Deus, oferecemos-lhe o nosso trabalho diário pela nossa família. Quando Cristo desce milagrosamente sobre o altar, pedimos-lhe que cuide da nossa família. Quando o recebemos, agradecemos-lhe de coração todos os dons e benefícios que tem conferido à nossa família, especialmente o dom que faz de si mesmo a todos os seus membros. É bom que os filhos saibam como pôr a família toda na Missa, e que é por isso que Deus vive no coração dessa família.

Algum dia, daqui a muitos anos, quando os nossos filhos e filhas crescidos levarem os filhos deles à Missa, lembrar-se-ão do que lhes ensinamos na infância, e rezarão pelos seus filhos como nós rezamos por eles.

Nunca falemos mal do sacerdote, em hipótese alguma. Sejam quais forem os seus defeitos pessoais (todos nós os temos), tem uma missão sagrada que se entrelaça com a nossa. Renunciou a casar-se e a ter filhos para servir a nossa família comum, a Igreja. Assim, a nossa família faz parte da família dele. No momento em que foi ordenado, recebeu os poderes de Cristo conferidos aos Apóstolos e transmitidos através de gerações de bispos: os poderes divinos de perdoar os pecados e de transformar o pão e o vinho no Corpo e no Sangue de Cristo.

Essa é a missão do sacerdote: transmitir a vida de Cristo à nossa família. Portanto, devemos levar os filhos a ter um profundo e afetuoso respeito, gratidão e lealdade para com todos os sacerdotes. Conduzamo-los a rezar por eles, especialmente durante o sacrifício eucarístico. Se alguns sacerdotes hoje têm problemas, é porque não rezamos o suficiente por eles.

Deveríamos ter consciência, também, da grande influência que a nossa família pode ter sobre o sacerdote. Qualquer padre dedicado poderá afirmar-nos esta verdade: ver uma família verdadeiramente piedosa receber a comunhão fortalece-o na sua vocação sacerdotal e enche o seu coração de esperança quanto ao futuro da Igreja inteira. Nuns filhos bem formados, vivos para Deus graças ao sacrifício dos pais, um sacerdote enxerga o próprio Cristo.

Obras

Um amor sem obras quase não é amor. Esperamos que o amor se traduza em ações, em ações que nascem do amor. Mostramos aos filhos o nosso amor a Deus naquilo que fazemos pessoalmente por Ele e naquilo que os levamos a fazer.

Para usar uma comparação que o próprio Cristo usou, a fé dos pais é como o sal da vida familiar. Os cristãos devem ser o sal do mundo; nos seus atos amorosos de fé, os pais cristãos são o sal das suas famílias. Que significa isto?

O sal melhora o sabor de tudo aquilo que tempera. A espiritualidade cristã traz virtude, paz e alegria a todos os aspectos da vida familiar. Mesmo no meio das dificuldades normais da vida familiar, uma família cristã é profundamente feliz, e é delicioso crescer nela.

O sal preserva da corrupção. A devoção cristã fortalece o amor do casal e preserva os membros da família da morte pelo pecado.

O sal exerce melhor o seu efeito quando permeia inteiramente a comida. Atos de fé amorosa permeiam naturalmente todos os aspectos da vida familiar. Uns poucos atos importantes, realizados conscienciosamente e bem, afetam toda a vida familiar no seu âmago, por dentro.

Assim, quando falamos de devoções, não nos referimos a um grande número de atividades encavaladas. Não é o número que importa. Cristo recomendou-nos, como nos lembramos, que não multiplicássemos as orações simplesmente por uma questão quantitativa; o que importa é o espírito com que oramos, a atitude fundamental que mostramos numas poucas áreas cruciais. Se essas poucas ações forem feitas sinceramente e por amor, afetarão em profundidade a formação religiosa dos filhos. Vejamos algumas...

Visitas ao Santíssimo Sacramento

Nós, os católicos, cremos firmemente que em cada sacrário está presente Jesus Cristo, Deus e homem perfeito, o Criador onipotente do Universo que nos sustenta na existência e nos protege do mal, o Santo a quem todos os pais que têm fé confiam a proteção dos seus filhos.

No entanto, durante os dias de semana as igrejas estão vazias. Podem estar presentes, durante algum tempo, duas ou três pessoas de idade, ou algum sem-teto, mas via de regra os bancos estão vazios. Na frente, o sacrário espera por alguém, mas nenhum olho o vê. O Senhor do Universo espera sozinho, tendo por única companhia uma pequena chama a brilhar nas sombras.

Não admira que as pessoas sem fé duvidem da nossa sinceridade. Não deixam de ter razão. Se nós, os católicos, cremos sinceramente na Presença Real de Cristo no Santíssimo Sacramento, por que permanecemos longe dEle? Se verdadeiramente o amamos como Deus e nosso Amigo, por que nos custa tanto, por que consideramos tão difícil adorá-lo durante a semana? Ou prestar-lhe pelo menos a simples cortesia de uma visita amigável? Um pouco de fé!

A fé é em ampla medida, como vimos, uma questão de prioridades. Que papel ocupa o amor a Deus nas nossas vidas? O que vem antes dele?

Os mártires cristãos preferiram sofrer a morte a viver uma mentira. Amavam demasiado a Deus para negá-lo dando culto a uma criatura. Uma pitada de incenso podia fazer a diferença entre a vida e a morte. Mas, para eles, o amor a Deus vinha em primeiro lugar, e só depois todas as outras coisas: família, amigos, o trabalho, o lazer, todas as delícias da vida que deixavam para trás.

O que é que tantos católicos preferem à visita ao Santíssimo Sacramento? Visitá-lo é tão fácil como deixar as roupas na lavanderia, levar o carro ao lava-rápido ou parar para encher o tanque de gasolina. Não exige mais tempo nem mais esforço. Com efeito, visitar o Senhor no tabernáculo é mais fácil e consome menos tempo do que levar o cachorro a passear ou fazer um *cooper* de um par de quilômetros. Por que será então que este costume é uma das últimas prioridades das pessoas, se é que não está completamente esquecido?

Não há aqui, com certeza, nenhuma má vontade para com Deus, nenhum ressentimento ou raiva. Ninguém pretende ofendê-lo expressamente. Mas de que se trata então? De indiferença?

Acontece que a indiferença machuca muito profundamente em qualquer relacionamento íntimo. Nós, como pais, deveríamos sabê-lo. No fim das contas, a indiferença e a ingratidão, e não o ódio, são os opostos mais cruéis do amor. Uma família marcada pela indiferença ingrata dos filhos é uma coisa triste. Shakespeare expressou-o de forma pungente nas palavras do Rei Lear: «Ter um filho ingrato é uma dor mais aguda do que o dente da serpente!»

Depois de tudo o que Cristo sofreu por nós, recebemo-lo com ingrata indiferença. Parece até que preferimos fazer qualquer outra coisa a passar uns poucos minutos na sua companhia. Questão de prioridades...

Não podemos fazer muita coisa para levar as multidões a visitar o Santíssimo Sacramento, mas podemos nós mesmos visitá-lo e levar os nossos filhos. Este costume de visitar a Deus com os filhos por uns poucos minutos, uma vez que esteja bem estabelecido na vida familiar – passar pela igreja para ver o nosso Amigo, conversar com Ele em oração uns momentos –, pode afetar profundamente a fé dos filhos e o seu amor vitalício por Deus.

Por um lado, mostrar-lhes-á que levamos a vida cristã a sério: que o amor da nossa família por Deus é a primeira coisa na nossa vida. E que esperamos que venha a ser a primeira coisa na vida deles. Ensinamos-lhes assim as nossas verdadeiras prioridades.

E levamo-los também a expressar a sua gratidão a Cristo – gratidão por todas as suas bênçãos, por nos ter dado a família que temos, por nos oferecer a todos a sua vida eterna, por entregar-se Ele mesmo a nós no tabernáculo... Quando alguém nos dá um presente, passamos pela casa dele para expressar a nossa gratidão. É correto e justo fazê-lo, e seria uma grosseria não fazê-lo. Só as crianças mimadas, seja qual for a idade que tenham, responderiam a um favor com indiferença.

Também podemos reforçar a compaixão que os nossos filhos experimentam por Cristo, dizendo-lhes, ao ouvido, na igreja vazia: «Veja como Ele está só. Ninguém mais está aqui. Como deve sentir-se só enquanto espera que algum amigo passe por aqui, alguém que se preocupe com Ele e só queira conversar uns momentinhos. Vamos agora conversar com Ele uns minutos, sem palavras em voz alta. Significa tanto para Ele!...»

Se dirigirmos os corações puros dos nossos filhos para o tabernáculo, o amor deles entrará no sacrário e permanecerá ali com Cristo. Durante toda a vida, aconteça o que acontecer, não o esquecerão.

E é importante que também nós não o esqueçamos. Os nossos filhos talvez venham a esquecer mais tarde muitos detalhes da fé que lhes ensinamos. Talvez lhes custe recordar as orações que lhes ensinamos na infância, ou as respostas às questões do catecismo. Mas lembrar-se-ão disto: a nossa fé era *importante* para nós.

Daqui a alguns anos, alguns dos nossos filhos podem sofrer uma crise na vida, ter de suportar um fardo esmagador capaz de romper-lhes o coração. Podem ter-se afastado da fé, voluntariamente ou por indiferença, e não saber para onde voltar-se. Andando pelas ruas da cidade, mergulhados na sua angústia, talvez passem por uma igreja, parem uns instantes e sintam o íntimo puxão que os convida a entrar. Ali, no silêncio, olhando para o tabernáculo, perceberão que a sua memória desperta nesse ambiente: umas gotas de água benta na testa, o leve odor de cera e incenso, a vela que arde diante do sacrário... Tudo isso pode voltar-lhes, e hão de lembrar-se de como visitavam Jesus com os seus pais, há tanto tempo, orando a Deus como uma criança, e a felicidade que tinham enquanto viviam em estado de graça. E essas memórias de inocência, e de tudo aquilo que era importante para nós, podem muito bem levá-los ao recomeço.

Nunca esqueçamos este princípio, uma verdade que os pais cristãos experimentam tantas vezes: quando tentamos fazer alguma coisa como um serviço amoroso a Deus, não fazemos ideia do bem que Ele tirará das nossas ações.

Reconciliação

Certa vez, alguém perguntou a G.K. Chesterton por que se tinha tornado católico. O escritor não se lançou numa longa explicação das razões; disse simplesmente: «Porque queria ter os meus pecados perdoados».

Cristo deu a cada um dos seus sacerdotes o seu poder de perdoar os pecados. Um sacerdote avalia a nossa consciência e julga do nosso arrependimento em nome de Cristo. Depois, em nome de Cristo e com a autoridade de Cristo – *na pessoa de Cristo* –, pronuncia as palavras do perdão: «Eu te absolvo dos teus pecados...»

Há apenas duas ocasiões em que o sacerdote fala e atua diretamente na pessoa de Cristo, usando o pronome «eu». Uma é durante a Missa: «Este é o *meu* corpo... Este é o cálice do *meu* sangue... Fazei isto em memória de *mim*». A outra é durante o sacramento da Reconciliação: «*Eu* te absolvo...»

Deveríamos levar regularmente os nossos filhos à confissão assim que tenham idade suficiente, isto é, por volta dos sete anos. Cristo espera por eles nesse sacramento, tal como espera por nós. Quer que os preparemos para receber o seu perdão; e isto, fazemo-lo ajudando-os a formar bem a consciência, ensinando-os a distinguir o certo do errado.

Como é evidente, não temos o direito de penetrar no íntimo da consciência dos filhos – somente Cristo e o sacerdote podem fazê-lo –, mas podemos e devemos ensinar-lhes os padrões de conduta correta, explicando-lhes que determinados pensamentos e ações ofendem a Deus e, por isso, exigem um pedido de perdão sacramental.

Este ensinamento, como vemos, relaciona-se diretamente com a nossa vida familiar: uma autoridade justa e amorosa, padrões claros de justiça e caridade, insistência em que as crianças peçam desculpas sempre que seja necessário, perdão e recomeço.

Se os filhos veem que nos confessamos regularmente, verão que vivemos a responsabilidade cristã, que sempre temos presente a verdade de que somos *filhos de Deus*, e que lhe prestamos contas dos nossos atos ao longo de toda a nossa vida. Ele é sempre o nosso Pai amoroso. Pouco importa a nossa idade: nunca deixamos de ter necessidade do perdão divino.

Cristo disse-nos a todos: *«Deixai vir a mim as criancinhas, e não as afasteis, porque delas é o reino dos céus. Em verdade vos digo: Quem não receber o reino de Deus como uma criança não entrará nele»* (Lc 18, 16-17). As crianças pequenas são simples e sinceras, confiantes, inocentes e puras de coração. Isto é o que cada um de nós tem de ser para ganhar o céu. E é precisamente isto o que o sacramento da Reconciliação faz conosco: restaurar em nós a inocência infantil.

Quando confessamos sincera e humildemente os nossos pecados, Cristo perdoa-nos e lava-nos de toda a culpa. A sua recompensa pelo nosso pedido de desculpas consiste em devolver-nos a pureza e a inocência, a felicidade e a paz interior, a plena alegria de viver que tínhamos quando éramos crianças pequenas.

Trata-se de uma realidade que os nossos filhos têm de conhecer e nunca mais esquecer ao longo da vida: a confissão restaura em nós a alegria da infância.

Um último ponto, um aviso implícito nas palavras de Cristo que acabamos de mencionar: os pais que não levam os seus filhos a Cristo – que os «estorvam» pela sua negligência religiosa, e especialmente pela negligência em recorrerem a este sacramento – terão de responder por isso diante de Deus.

Caridade e justiça

Pensar no amor e no perdão de Cristo na confissão leva-nos a considerar o modo como vivemos a caridade e a justiça em casa.

Se num determinado momento abrimos a boca em oração e no seguinte falamos mal de alguém, os filhos acabarão por considerar-nos uns hipócritas. As Epístolas de Paulo e Tiago contêm condenações duríssimas dos comentários pouco caridosos entre cristãos. São Tiago afirma: *A língua é um fogo, um mundo inteiro de maldade* (Ti 3, 6).

Esforcemo-nos por manter longe da nossa família as fofocas, as difamações e os juízos precipitados, e comecemos por nós mesmos. Insistamos neste ponto com os nossos filhos. As fofocas vingativas envenenam a atmosfera familiar e mancham o coração das pessoas.

Ensinemo-lo, pois, aos nossos filhos: não falamos mal das pessoas pelas costas, porque seria uma injustiça e um pecado contra a caridade. Se não pudermos dizer algo de positivo acerca dos outros, não dizemos nada. Os filhos precisam aprender que a caridade não significa apenas dar roupa velha; significa principalmente uma compreensão compassiva.

E não é apenas uma questão de caridade: é também uma questão de justiça. Não temos o direito de julgar os outros, nem de meter-nos (nem sequer com as nossas conversas) nos seus assuntos privados, nem de atacá-los quando não podem defender-se. Fazer qualquer destas coisas é injusto. Ofende a Deus, e não queremos ofendê-lo nem ofender ninguém mais.

E que dizer do comportamento escandaloso de personalidades públicas ou da mídia? Temos de levar os filhos a distinguir entre o erro e a pessoa que erra. «Odiamos o pecado, mas amamos o pecador», como vimos. Deploramos a ideologia dessas pessoas ou o que elas fazem, mas não alimentamos nenhum tipo de rancor pessoal contra elas, e além disso rezamos por elas. Podemos e devemos votar contra um político que defenda o aborto, mas não basta: devemos rezar pela sua alma. Podemos e devemos recusar-nos a assistir a um show inconveniente de TV, mas devemos rezar para que o apresentador ou apresentadora algum dia se una a nós no céu.

O catecismo

Diz São Paulo: *Orarei com o espírito, e orarei também com a mente* (1 Cor 14, 15). A nossa religião não se esgota num conjunto de atividades comunitárias nem num estado emocional. A fé, em última análise, é *verdade*, e a verdade é apreendida pela nossa inteligência.

O amadurecimento religioso significa, portanto, um crescimento na compreensão das verdades da existência humana: quem é Deus, quem somos nós, para onde nos dirigimos, que devemos fazer e que devemos evitar nesta vida para ganhar a vida eterna. E estas verdades, encontramo-las no catecismo.

O catecismo católico não é apenas um conjunto de tópicos que devem ser estudados e memorizados. Também não se reduz a um curso que se faz antes da Primeira Comunhão e depois se esquece para sempre. É um compêndio da doutrina católica, que temos de aprender e aceitar integralmente, *todo ele, sem exceções,* e depois manter sempre vivo.

Nas suas palavras finais aos Apóstolos, Cristo disse-lhes: *Ide, fazei discípulos meus todos os povos* [...], *ensinando-os a observar* tudo *quanto vos mandei* (Mt 28, 19-20). É precisamente o que a Igreja tem feito ao longo das eras: ensinar *tudo* o que Cristo ensinou, *tudo* o que nos mandou observar. Em cada época, há ensinamentos de Cristo que são considerados impopulares, como há doutrinas recordadas pela Igreja que encontram oposição; no momento que atravessamos, esse antagonismo concentra-se nos ensinamentos sobre o matrimônio, a contracepção e a moralidade sexual. No entanto, independentemente do que diga a «opinião pública» e do desejo de algumas pessoas de «crer seletivamente» (por assim dizer), a Igreja tem sido fiel a esses ensinamentos claríssimos de Cristo.

É uma coisa curiosa, com efeito, observar que o prurido de selecionar aquilo em que se crê acaba conduzindo, cedo ou tarde, a um completo esfacelamento da fé.

Se nos recusamos a aceitar um único ensinamento grave da Igreja (a respeito, por exemplo, da contracepção), estamos implicitamente negando a autoridade da própria Igreja, que nos propõe todos os ensinamentos de Cristo. Se o Papa e os bispos em união com ele estiverem «errados» num ponto, se aquilo que nos ensinam a esse respeito não for verdade, então por que deveríamos acreditar no resto? Mais ainda, como poderíamos fazê-lo? Um «erro» sério a respeito de um ensinamento da Igreja poria em dúvida o conjunto todo e a própria noção da infalibilidade do Papa em assuntos que dizem respeito à fé e à moral. Arrancar um fio da tapeçaria significa desfazer a tela inteira.

Cristo disse a Pedro e aos outros Apóstolos: *Quem vos ouve, a mim me ouve* (Lc 10, 16). Esta declaração ousada não pode ser verdadeira apenas em parte, ou verdadeira apenas enquanto nos agradar. Ou é inteiramente verdadeira ou é inteiramente falsa. Uma fé sincera na origem e autoridade divinas da Igreja conduz inexoravelmente a aceitar tudo aquilo que ela ensina em nome de Cristo.

O nosso catecismo é, portanto, uma explicação inteligente e sistemática de *tudo* o que Cristo nos ensinou, tanto através das Sagradas Escrituras como do seu Corpo Místico imortal, a Igreja. É *a verdade* acerca da existência e do destino humanos.

Estudá-lo em profundidade poderia (e deveria) levar a vida inteira; com efeito, quanto mais velhos formos, mais compreenderemos e apreciaremos a sua precisão e beleza. O catecismo é tão necessário para os adultos quanto para as crianças.

Importa, portanto, que nos interessemos seriamente pela formação catequética dos filhos, a ponto de fazermos todos os sacrifícios que sejam necessários. Nenhum estudo pode ser mais importante para eles do que este. Literalmente, o destino das suas almas depende dele.

Interessar-se seriamente significa, entre outras coisas, *estudar o catecismo junto com os filhos*. Significa lê-lo junto com eles, olhar por cima dos seus ombros as lições que fazem e responder às suas perguntas. Embora possamos *delegar* uma parte da instrução religiosa aos professores da paróquia ou da escola, não podemos *relegá-la* a eles.

Algumas pessoas de fora da família podem nos ajudar nos nossos esforços, mas nunca substituí-los. A maior parte das lições realmente importantes aprendem-se em casa, ou então não se aprendem nunca.

Em consequência, temos de encarar esta responsabilidade como todos os outros deveres familiares vitais. Podemos olhar as coisas desta forma: embora os filhos às vezes comam fora de casa – por exemplo, na escola –, somos nós que temos de fornecer-lhes a maior parte da alimentação diária. Ora bem, o catecismo é alimento da vida espiritual dos filhos, e assim a maior parte desse alimento deve vir de nós.

Não nos sentimos seguros de estar à altura dessa tarefa? Como podemos ensinar alguma coisa da qual sabemos tão pouco? A nossa hesitação, neste caso, é compreensível.

Como vimos, é possível, e até provável, que a nossa formação católica, quando éramos crianças, tenha apresentado grandes lacunas, ou até tenha sido inteiramente negligenciada. Ao percorrermos um catecismo correto e atual, descobriremos talvez com certo susto que temos enormes lacunas de compreensão. Podemos até ter a impressão (e com toda a razão...) de que não sabemos muito mais do que os nossos filhos desprovidos de qualquer instrução...

Mas isto não nos deveria preocupar. Há uma máxima entre os professores profissionais que diz: «A melhor forma de aprender alguma coisa é ensiná-la». Aprendemos muito melhor as coisas quando as ensinamos aos outros.

Deus providenciou, portanto, para que aprendêssemos junto com os nossos filhos. Ensinando-os, aprenderemos nós mesmos. Cresceremos juntos no conhecimento da verdade.

Hoje as condições já vêm melhorando muito na Igreja. Pouco a pouco, aqui e ali, aos trancos e barrancos, estamos saindo da confusão doutrinal, e podemos observar muitos sinais disto mesmo ao nosso redor. Um dos mais significativos é o novo *Catecismo da Igreja Católica*. Deveríamos ter em casa um exemplar desta obra, pois é vitalmente importante.

O novo *Catecismo da Igreja Católica* é a primeira explicação completa e abrangente da doutrina e da moral católicas elaborada nos últimos quatrocentos anos. Contém tudo. Foi escrito para servir de base para outras obras de catequese; assim, os livros de religião para as crianças deveriam estar explicitamente baseados nele. Deveríamos confiar apenas em catecismos recentes que se refiram a ele pelo nome e baseiem claramente o seu texto nos seus ensinamentos.

Quando os nossos filhos recebem o sacramento da Crisma, o Espírito Santo imprime neles o selo de cristãos adultos, responsáveis e amadurecidos. Nesse momento sagrado, que deveríamos celebrar em família, um excelente presente para os filhos seria o seu exemplar pessoal do *Catecismo da Igreja Católica*, com a dedicatória apropriada: «Da mamãe e do papai... Possa você viver desta fé ao longo de toda a vida e transmiti-la aos seus filhos!» Esta obra histórica da Igreja poderia e deveria ser entregue geração após geração aos descendentes dos nossos filhos – juntamente com a sagrada fé da nossa família. Não é isto o que queremos?

Ensinar diretamente a fé aos filhos é, no fim das contas, uma tradição familiar. Quase todos os ancestrais da nossa família aprenderam dos seus pais e avós a fé da nossa Igreja e as suas orações. É uma grande responsabilidade que nos incumbe – e na verdade uma honra – transmitir a verdade de Cristo aos filhos e netos.

Quando a fé é transmitida desta forma, pessoalmente de pais para filhos, é como passar a chama de uma vela para outra vela, de mão em mão, como se faz na belíssima liturgia da Vigília Pascal. O fogo da verdade de Cristo, a chama do seu amor, ilumina o caminho de cada família através de todas as gerações.

Vida e amor

A castidade não é um estado de privação nem se reduz a uma coleção de preceitos negativos. É afirmação alegre, de um coração inteiramente entregue a Deus, quer no estado do celibato voluntário, quer no do matrimônio.

O casamento é sagrado, abençoado por Deus, e o ato físico da união é santo.

O sexo deve ser reservado para o amor e a vida de casados; qualquer outro uso da sexualidade contraria a vontade de Deus e ofende-o gravemente. Mas se alguém tiver caído na impureza, Cristo o premiará pelo seu arrependimento e tornará a limpá-lo por meio do sacramento da Reconciliação.

Será que os nossos filhos adolescentes compreendem estes princípios? Ajudamo-los a compreender o que significa o amor na vida de casados e como são as origens sagradas da vida? Esta é uma das nossas maiores responsabilidades. Não é exagero nenhum afirmar que os nossos esforços pacientes e afetuosos nesta matéria podem vir a determinar todo o desenrolar da vida dos nossos filhos.

Na sociedade de hoje, as forças do materialismo – a tendência a considerar e tratar os outros como objetos – exercem uma pressão incessante sobre a consciência dos nossos filhos. Estão cercados por um erotismo agressivo, profissionalmente glamourizado e apresentado como «normal».

Se falharmos neste ponto, talvez tenhamos de assistir a consequências lamentáveis na vida dos filhos: perda da fé, promiscuidade, casamentos abalados ou desfeitos, crianças abandonadas física ou moralmente, ou até a recusa a ter filhos. Se os nossos filhos contraírem matrimônio imbuídos de uma visão materialista do mundo, é muito provável que os seus casamentos se desfaçam e que percamos os nossos netos (os tribunais não costumam importar-se muito com os direitos de visita dos avós). Isto acontece literalmente todos os dias.

A simples possibilidade dessas ameaças deveria nos levar a ensinar aos filhos a verdade acerca do casamento, do amor casto e da moralidade sexual cristã. E uma matéria de importância tão vital que, tal como a instrução catequética, não deveria ser relegada a mais ninguém. Nisto, ninguém pode substituir adequadamente os pais.

Para sermos francos, ensinar a biologia da reprodução leva apenas quinze minutos, ao passo que os aspectos morais, que são o que verdadeiramente conta, levam anos a ser ensinados. Mas a verdade é que dispomos desses anos em casa, e os pais cristãos experientes podem testemunhar que é mais fácil do que talvez pensemos. Quando os pais têm um amor suficientemente grande para ensinar a verdade aos filhos neste ponto, desenvolve-se na família um laço mais forte de amor, um respeito afetuoso pelos pais.

Como se trata de uma área complexa e delicada, necessitamos de uma orientação mais completa do que a

176 JAMES B. STENSON

que pode ser dada aqui. Poderemos recorrer à leitura de diversos livros*. Por outro lado, será muito conveniente consultar outros pais cristãos experimentados, pessoas que compartilhem os nossos princípios e cuja opinião respeitemos.

Um último assunto. Quando se valoriza muito o casamento, também se valoriza o celibato apostólico. Em qualquer sociedade cristã, um declínio no respeito pela santidade do casamento corresponde igualmente a um declínio das vocações para o celibato. Isto é, as vocações não deixam de existir, porque Deus chama as pessoas a servi-lo com uma dedicação plena, de uma forma ou de outra; mas elas é que têm mais dificuldade para corresponder ao chamamento.

Ensinemos, pois, aos filhos o significado da palavra *vocação*. Mostremos-lhes o panorama das suas vidas futuras em termos do plano de Deus para cada um deles e estejamos abertos para aceitar a vontade de Deus a respeito deles, qualquer que seja. Se prepararmos os filhos para a missão providencial que devem executar na vida, seja no casamento ou no celibato, serão capazes de ouvir o chamamento de Deus e de, com a sua graça, corresponder-lhe.

(*) *Catecismo da Igreja Católica*, pontos ns. 2331-2400; Rafael Llano Cifuentes, *270 perguntas e respostas sobre sexo e amor*, Quadrante, São Paulo, 1995; André Léonard, *Cristo e o nosso corpo*, Quadrante, São Paulo, 1994; Cormac Burke, *Amor e casamento*, Quadrante, São Paulo, 1991; Francisco Sequeira, *Filhos: informação sexual*, 3ª ed., Quadrante, São Paulo, 1998; Pontifício Conselho para a Família, *A verdade e o significado da sexualidade humana*, 1996.

Oração vocal

A oração deveria ser uma parte da vida familiar, tão natural como a conversação em família. Se Deus mora na nossa família, nada mais natural do que incluí-lo na nossa vida familiar cotidiana. E se Deus for incluído desta forma, o Espírito Santo estará presente em toda a vida da nossa família.

Comecemos o dia com um oferecimento de obras pela manhã, e ensinemos os filhos a fazer o mesmo. Trata-se de uma oração curta, que nós mesmos podemos compor, que repetimos silenciosamente de manhã cedo, logo ao acordar. É uma coisa simples, mas extremamente importante.

Agradecemos a Deus por nos dar mais um dia de vida. Oferecemos-lhe tudo o que faremos no dia que começa – cada pensamento, palavra e ação – como um sacrifício por Ele e para Ele. Qualquer cristão que viva este costume descobre que a sua vida diária se modifica de maneira sutil. Tem mais energia para enfrentar o dia e, ao mesmo tempo, mais paz. Trata melhor as pessoas e enfrenta as contrariedades com mais paciência. Todo o seu dia se transforma em oração.

As famílias cristãs começam as refeições com uma oração de ação de graças. Fazemos uma pausa para agradecer a Deus o sustento que nos dá, os seus dons de paz e solidariedade na família, tudo aquilo que recebemos das suas mãos. Oramos também pelos que não têm casa nem alimento neste mundo. Este belo costume une a família em oração ao menos uma vez por dia. Além disso, costuma transmitir-se espontaneamente de geração em geração.

Os pais cristãos também oram com os filhos pequenos antes de os porem na cama. As crianças agradecem a Deus pelo dom desse dia que acabam de viver. Pedem-lhe perdão por tudo aquilo que fizeram de errado. Pedem-lhe que as proteja ao longo da noite e do dia que virá. Dizer um ato de contrição simples no fim do dia é uma ajuda poderosa para a formação da consciência dos filhos. Como as vidas deles (e as nossas) seriam diferentes se continuassem a viver este costume depois de adultos! O exame de consciência antes de dormir é um antigo costume cristão e ajuda a confessar-se com frequência e de forma contrita.

Numa família cristã, as pessoas têm consciência das necessidades alheias e oram por elas. Rezam e pedem orações em todo o tipo de situações difíceis, grandes ou pequenas: uma doença, a semana de provas na escola, uma entrevista para obter emprego, amigos e vizinhos que passam por dificuldades especiais... Peçamos aos filhos que rezem por nós; são poucos os pais que o fazem. As orações dos nossos filhos têm enorme poder diante de Deus, e muitas vezes são atendidas com uma rapidez impressionante.

Levemos também os filhos a rezar (especialmente no terço) pela Igreja e pelo Papa. A nossa Igreja é realmente uma família espalhada pelo vasto mundo, e eles deveriam ter consciência disso. As pessoas não conseguem

OBRAS 179

entender verdadeiramente a Igreja enquanto não compreendem que é uma família. Como qualquer outra família, tal como a nossa, a Igreja tem um Pai venerado (representado na terra pelo Papa; aliás, a palavra *papa* é a forma italiana de «papai», um modo de falar carinhoso) e uma Mãe amada, na pessoa da Virgem Maria. Como qualquer outra família, tem uma missão: levar a vida eterna a toda a humanidade. Tem heróis: os santos. Tem aniversários que celebra em comum. Tem pessoas que estão separadas da família, pelas quais oramos especialmente, para que voltem. Como qualquer outra família, os seus membros são completamente diferentes uns dos outros, mas todos estão unidos pelo afeto comum. O que nos une na Igreja, tal como na família, é o amor de Deus Pai por cada um de nós e o nosso amor por cada um dos outros, nossos irmãos e irmãs.

Qualquer casa de família tem, por fim, fotografias das pessoas amadas. É por isso que deveríamos ter em casa algumas imagens sacras nas paredes (Não muitas. Neste caso, tal como com as fotografias de família, podemos às vezes exagerar). Um crucifixo em alguns aposentos (no quarto dos filhos com certeza), algumas imagens de Nossa Senhora, uma fotografia do Santo Padre – todos esses objetos são penhores de afeição. Lembram-nos as pessoas que amamos.

Nossa Mãe, a Santíssima Virgem

Como acabamos de ver, Cristo deu-nos por família a sua Igreja, e toda a família precisa de uma mãe. Assim, Jesus deu-nos Maria para que fosse a nossa Mãe Santíssima para sempre.

Fê-lo no Calvário, quando disse a Nossa Senhora: *Mulher, eis aí o teu filho...*, e a São João: *Eis a tua mãe...* E o Evangelista continua o relato: *A partir daquela hora, o discípulo levou-a para sua casa* (Jo 19, 25-27). Isto é o que os católicos têm feito desde então: tornar Maria parte do seu lar.

Maria foi e é mulher, e toda a criança tem necessidade de um toque feminino para crescer bem. Qualquer cristão pode voltar-se para Nossa Senhora a fim de encontrar nela essa afeição especial que toda a mãe tem pelos seus filhos.

Além disso, Ela é uma mulher perfeita. Deus a fez assim desde a sua concepção. Como podemos entender isto? Como podemos explicá-lo aos filhos?

Alguns dos grandes museus do mundo expõem cálices maravilhosos como obras de arte. Não há dúvida de que são belíssimos: são feitos com o ouro mais puro, moldado numa copa perfeita, e decorados com diamantes, rubis, esmeraldas e outras joias sem preço. Toda essa beleza, cuidadosamente trabalhada, foi vertida nesses cálices por uma única razão: deviam conter o Sangue de Jesus Cristo, Deus e homem perfeito.

Pela mesma razão, Deus fez Maria absolutamente perfeita. Ela devia ser a Mãe de Deus. Devia conter em si o Corpo e o Sangue de Deus tornado homem. A natureza humana do Senhor, toda ela, devia provir de Nossa Senhora. Todos nós, portanto, estamos aparentados com Jesus Cristo através dEla.

Uma vez que um cálice conteve o sangue de Cristo, já não deveria ser usado para nenhuma outra bebida, nem que fosse o vinho mais precioso do mundo. Essa taça foi criada para servir um único propósito. Da mesma forma, Maria tinha de permanecer sempre virgem.

Pensemos o que queremos dizer ao afirmar que Ela foi uma mulher perfeita. Foi uma menina perfeita: tinha todas as preciosas qualidades que encontramos nas nossas filhas, sem nenhum dos seus defeitos. Como adolescente, tinha os encantos fascinantes da juventude. O Espírito Santo vivia nela: Ela era a *cheia de graça*. Graças ao seu *faça-se*, tornou-se Mãe do Messias, o Santo prometido a Davi, seu antepassado real, e aos profetas de Israel.

Correu para ajudar a sua idosa prima Isabel, pois está sempre ávida de ajudar todos os que precisam dela.

Como esposa e mãe, cumulou o lar de Nazaré dos seus cuidados femininos. Realizou todas as tarefas que qualquer mulher deste mundo leva a cabo pelo seu marido e filhos. Mas o modo como realizava essas tarefas é um modelo para toda a mãe e esposa cristã.

Na festa das bodas de Caná, encontrou pela primeira vez os discípulos do seu Filho, incluído o jovem João, que mais tarde a receberia como Mãe em representação de todos nós. Bem podemos imaginar a sua amável hospitalidade, o calor com que cumprimentou esses amigos de Jesus. Durante a festa, percebeu – como apenas uma mulher seria capaz de fazer – que o vinho estava a ponto de acabar, o que significaria uma grande vergonha para os recém-casados. Para Maria, como para qualquer boa mulher, não há embaraços sociais sem importância; toda a ocasião social importante, especialmente o casamento, tem de ser perfeita. Assim, pois, Ela pediu a Cristo que fizesse um milagre extemporâneo, e o Salvador não conseguiu recusar-lhe esse favor. E Ela disse aos servos aquilo mesmo que nos repete a todos ao longo dos séculos: *Fazei tudo o que Ele vos disser* (Jo 2, 5).

Podemos aprender tanto com este episódio! Como vimos acima, Nosso Senhor fez os milagres necessários para provar a sua divindade e alguns poucos por compaixão espontânea. Mas o incidente singular de Caná mostra-nos que Cristo está disposto a fazer qualquer coisa por amor à sua Mãe, mesmo a realizar um milagre.

As crianças voltam-se espontaneamente para a mãe quando têm problemas, quando alguma coisa as aflige.

Esta é a razão de ser das mães. Os problemas dos filhos podem ser minúsculos em si mesmos, não ter a menor importância no «grande esquema das coisas» – no plano da divina Providência –, mas a mãe leva-os a sério. O que é importante para os filhos é importante para ela.

Por isso, se tivermos algum problema familiar, ou alguma dificuldade que não consigamos resolver, devemos voltar-nos para Maria, nossa Mãe. Ela é «especialista», por assim dizer, em problemas pequenos, mas importantes. Podemos contar com a sua intercessão por nós junto do seu Filho, que nunca lhe recusa seja o que for.

Ensinemos os nossos filhos a ter uma confiança amorosa na Mãe de Deus. Que lhe tenham devoção como protetora maternal da nossa família.

Rezemos o terço em família todos os dias; ou, se os filhos ainda forem pequenos, ao menos uma dezena. Como Ela mesma disse em Fátima, o rosário é a sua oração preferida. Em cada Ave-Maria, repetimos os louvores que Gabriel e Isabel dirigiram a Nossa Senhora, seguidos por aquela antiga e belíssima petição que a Igreja lhe faz: «Santa Maria, Mãe de Deus, rogai por nós, pecadores, agora e na hora da nossa morte». Maria deveria estar com os nossos filhos ao longo de toda a vida e sobretudo no momento da morte.

Algumas pessoas consideram monótona a repetição das Ave-Marias no terço, e por isso não o rezam. Se tivermos este tipo de tentação, basta pensarmos assim: Todo o grande amor implica repetições infindáveis. Toda a mãe segue determinadas rotinas todos os dias, fazendo uma e outra vez as mesmas coisas: esta é a forma pela qual serve amorosamente a família. Um pai percorre diariamente o mesmo caminho entre a casa e o trabalho, e realiza uma série de rotinas fixas ao longo do dia: é assim que alimenta a família. As crianças pedem as mesmas histórias todas as noites antes de dormir, e os pais as recontam uma e outra vez, superando o tédio ao verem a alegria brilhar nos olhos dos filhos. O amor significa repetir, de incontáveis maneiras: «Eu te amo». Ora, isto é o que o nosso terço diz à Mãe de Deus.

Além disso, como afirma certo autor espiritual, a «monotonia das Ave-Marias» corresponde à vergonhosa «monotonia dos nossos pecados»*. Caímos sempre de novo nas mesmas tristes faltas, nos velhos trilhos do egoísmo, com uma regularidade assustadora. Ao rezarmos o terço, pedimos uma e outra vez à nossa Mãe que nos livre dos nossos pecados. Que mãe poderia resistir a um pedido tão insistente dos seus filhos necessitados?

Outro amável costume familiar é a romaria de maio. Num dia determinado desse mês, toda a família faz uma breve visita a um santuário dedicado à Santíssima Virgem e reza o rosário em conjunto, e depois pode celebrar a ocasião com um piquenique. Se fizermos disto uma tradição familiar, os nossos filhos mais tarde haverão de lembrar-se dela com carinho. Sutilmente, associarão Nossa Senhora à pureza e inocência da sua infância.

(*) Cfr. Josemaria Escrivá, *Sulco*, 4ª ed., Quadrante, São Paulo, 2016, n. 475.

Isto que acabamos de ver talvez nos soe como algo um pouco remoto, como uma vaga recordação da infância. Com efeito, o último terço do século XX foi extremamente materialista, e nessas épocas a devoção a Nossa Senhora declina (Ela tem inimigos, como Cristo os tem). Mas os nossos avós e antepassados tiveram uma profunda devoção à Nossa Mãe Imaculada. Muitos terços foram rezados pela nossa família décadas antes de termos nascido. Não é exagero nenhum afirmar que a nossa família é católica hoje porque os nossos antepassados rezaram o terço.

Por amor aos nossos filhos, devemos retomar essa prática de piedade, se alguma vez a abandonamos. Deixemos que a devoção a Maria marque a nossa vida familiar. A Mãe de Deus conduzirá os nossos filhos e netos ao seu Filho.

Rainha da família, rogai por nós.

Confiança

Espero ter podido apresentar nestas páginas um plano de ação determinado, que representa um grande desafio para a nossa fé e as nossas potências interiores. Toda a missão divina é um desafio deste tipo.

Ao vermos a tarefa que nos espera – criar os filhos um dia após outro, para que se tornem cristãos maduros e responsáveis –, talvez nos sintamos receosos, se não esmagados, pelo peso da nossa responsabilidade. De onde tiraremos forças?

Tenhamos coragem. As forças de que necessitamos, nós as receberemos de Deus. Foi Ele que nos deu os filhos e ao mesmo tempo a missão de sermos seus instrumentos para que se salvem. Receberemos forças da sua Mãe Imaculada, que foi fiel à sua vocação e compreende muito bem as dificuldades por que passam os pais e as mães.

Deus e Nossa Senhora dar-nos-ão coragem, sabedoria e perseverança. Basta que lhes peçamos ajuda e depois façamos tudo o que estiver ao nosso alcance. Lembremo-nos do que Cristo disse aos seus seguidores, entre os quais nos contamos nós, de tantas formas e com tantas palavras diferentes: *Confiai em mim!*

Ouçamos a promessa que Deus nos faz através das palavras do profeta Isaías: *Pode uma mãe esquecer-se do seu filho, não ter ternura pelo fruto das suas entranhas? Pois mesmo que ela se esquecesse, eu nunca me esquecerei de ti. Eis que estás gravado na palma das minhas mãos, as tuas muralhas estão sempre sob os meus olhos* (Is 49, 15-16).

A nossa casa encontra-se sempre sob os olhos de Deus. Ele nunca nos esquecerá, nunca nos abandonará. Uma vez que o tenhamos recebido no coração da nossa família, nunca mais nos deixará. Assim o prometeu.

É provável que entendamos tudo isto muito bem neste momento, que tenhamos uma fé e uma esperança profundas na ajuda todo-poderosa de Deus, na corda de salvação que Ele nos estende todos os dias. Mas conhecemos suficientemente bem as nossas fraquezas para prever que haverá tempos de escuridão, momentos em que as forças nos faltarão. Como Pedro enquanto andava sobre as águas (cfr. Mt 14, 22-32), talvez nos sintamos afundar apesar dos nossos melhores esforços e das nossas mais firmes intenções.

Nessas horas, deveríamos fazer o que fazem muitos outros pais cristãos: servir-nos de um estratagema que nunca deixa de trazer a paz...

Entremos de noite, na ponta dos pés, no quarto dos filhos, quando eles já estiverem bem adormecidos, e aproximemo-nos em silêncio das suas camas. Aqui estão diante de nós, esses dons preciosíssimos que Deus nos confiou: a nossa sagrada missão na vida. Ao olharmos para eles, sentimo-nos na presença do mistério. Deus está aqui conosco e com os nossos filhos. Experimentamos a sua presença.

Através das veias de cada filho corre o sangue dos antepassados, que hoje já estão em Deus, mas que foram crianças também e cresceram por sua vez para olhar os seus filhos como nós o fazemos agora. A linhagem do amor familiar, ao longo das eras passadas, continua a viver misteriosamente nos nossos filhos. Dentro da alma de cada criança adormecida que agora contemplamos, o Espírito Santo vive com todo o esplendor da pureza batismal. Cada uma delas está inteiramente viva para Deus.

Enquanto as observamos, o nosso olhar interior procura vislumbrar o futuro. Qual é o destino que Deus lhes reserva? Que maravilhas verão no tempo que têm pela frente? Quando o mal aparecer diante delas, como há de acontecer necessariamente, terão a graça e a força interior necessárias para superá-lo? Estarão os seus olhos firmemente fixados no rosto de Jesus? Darão ouvidos à voz da sua consciência, aos amorosos preceitos da sua mãe e do seu pai, para conduzirem corretamente as suas vidas?

E, imensamente comovidos por esses pensamentos na presença dos filhos, não deixaremos de elevar o coração a Deus em súplica ardente: «Deus de misericórdia, dai-me por favor a força de mudar tudo aquilo que devo mudar em mim, para que consiga educar estes filhos vossos e meus de tal modo que se tornem homens e mulheres extraordinários, tal como Vós o pretendíeis quando os confiastes ao nosso cuidado...»

Encontraremos as forças de que necessitamos. Porque o modo como olhamos para os nossos filhos adormecidos – com a mais profunda afeição, com enorme desejo de sacrificar-nos por eles –, esse é o modo como Deus nos olha a todos nós, seus filhos, o tempo todo.

Direção geral
Renata Ferlin Sugai

Direção editorial
Hugo Langone

Produção editorial
Juliana Amato
Gabriela Haeitmann
Ronaldo Vasconcelos
Roberto Martins

Capa
Gabriela Haeitmann

Diagramação
Sérgio Ramalho

ESTE LIVRO ACABOU DE SE IMPRIMIR
A 13 DE MAIO DE 2024,
EM PAPEL IVORY SLIM 65 g/m².